प्रश्न-शास्त्र में प्रश्नों को दो वर्गों में विभक्त किया जा सकता है- (1) वाचिक प्रश्न (2) मूक प्रश्न। जब प्रश्नकर्ता स्वयं अपने प्रश्न को ज्योतिषी के सामने रखकर उसका फल पूछता है, तब वह वाचिक प्रश्न कहलाता है। परंतु जब प्रश्नकर्ता अपने मन में सोचे हुए प्रश्न या मनोभावों को न बतलाते हुए ज्योतिषी से अपना प्रश्न व फल जानना चाहता है तो इन प्रश्नों की जानकारी तथा उसका समाधान करना एक विशिष्ट चमत्कार पूर्ण पहलू है।

यद्यपि मूक प्रश्न का निर्धारण या यथार्थ ज्ञान करना एक जटिल पहेली है, तथापि हमारे पूर्वज महर्षियों एवं आचार्यों ने इसके रहस्योद्घाटन हेतु प्राचीन काल से अद्यावधि निरन्तर प्रयास किए हैं और स्व-प्रयासों में सफल हुए है तथा इस चमत्कार से लोगों को प्रभावित कर इस शास्त्र में उनकी आस्था को दृढ़तर बनाते रहे हैं। 5वीं शताब्दी से लेकर आज तक प्रश्न शास्त्र पर कई एक ग्रंथ लिखे गए हैं। उन सभी में प्रायः मूक प्रश्न की चर्चा की गई है।

पं० राधाकृष्ण श्रीमाली

प्रश्न-ज्योतिष

डायमंड बुक्स

प्रकाशक : **डायमंड पॉकेट बुक्स (प्रा.) लि.**
X-30 ओखला इंडस्ट्रियल एरिया, फेज-II
नई दिल्ली-110020
फोन : 011-40712200
ई-मेल : wecare@diamondbooks.in
वेबसाइट : www.diamondbooks.in
संस्करण : 2025
मुद्रक : रेप्रो (इंडिया)

Prashan Jyotish
By : Pt. Radhakrishna Shrimali

दो शब्द

ज्योतिष एक विशाल सागर के समान है जिसमें डुबकियां लगाते जाइए और मोती निकालते जाइए। ध्यान रहे, प्रश्न शास्त्र फलित ज्योतिष का एक महत्त्वपूर्ण अंग है और फलित ज्योतिष उसके गणित-पक्ष पर निर्भर है। गणित सही होने के लिए जन्म-समय का सही-सही होना भी आवश्यक है। आज घड़ियों का आविष्कार हो गया है और जातक के जन्म-समय का सही निर्णय ले लेते हैं पर आज से कुछ वर्षों पूर्व ऐसा नहीं था। आज भी देहात में पैदा होनेवाले बालकों का सही समय ज्ञात नहीं होता, और तब मात्र अनुमान के आधार पर समय निरूपित कर जन्म-पत्री की रचना कर ली जाती है। परिणामस्वरूप आगे चलकर वह ज्योतिषी झूठा हो जाता है जो जन्म-पत्री देखता है। चोर कोई और, दण्ड कोई, और भोगता है।

दूर जाने की आवश्यकता नहीं, स्वयं मेरी जन्म-तिथि, समय, दिन कुछ भी मां को याद नहीं था, या कहें आवश्यकता ही नहीं समझी। बड़े होने पर मैंने जन्म-पत्री की आवश्यकता महसूस की। मां का उत्तर था—शाम का समय था, गांव में जब ग्वाला गायों को लेकर घर-गांव में लौटता है... उस वर्ष भारी अकाल पड़ा था... तिथि तो मालूम नहीं ... शायद रविवार था... स्कूल की छुट्टी होने से तुम्हारा बड़ा भाई घर पर था उस दिन... हां, श्राद्ध-पक्ष समाप्त होने के बाद का कोई दिन था... हां, इतना याद है, तेरे जन्म लेने के दो दिन बाद ही मिस्टर 'क', जो उस गांव का (ननिहाल) मौजीज व्यक्ति है, उनके लड़का हुआ था... अब फंस गए, क्या ज्ञात करूं? अन्त में एक दिन ननिहाल उस 'क' नामक मौजीज व्यक्ति के यहां पहुंचा। वह लड़का, जो हमउम्र था, वह भी घर पर था। पूछने पर ज्ञात हुआ, भैया मेरा जन्म तो 17 अक्टूबर, 1939 का है। समस्या हल हो गई। पुनः घर आ पुराना पंचांग निकाला। सन् 1939 में संवत् 1996 था और उस वर्ष राजस्थान में भारी अकाल पड़ा था। श्राद्ध के बाद अर्थात् अश्विन शुक्ल-पक्ष देखा तो तृतीया को रविवार था और वह साथी 17 को यानी दो दिन बाद हुआ था। तारीख-माह-वर्ष की समस्या तो हल हो गई। पुनः एक बार ननिहाल गया। घड़ी लेकर गांव में प्रवेश-स्थान पर देखता, 6-7 दिन तक शाम को गायों के आने का समय नोट करता था। सुखद आश्चर्य कि ग्वाले का प्रकृति-नियन्त्रण

समयाधारित कितना कि 10 दिन में 7-8 मिनट से अधिक समय इधर-उधर कभी नहीं रहा। उसकी औसत समय से कुण्डली बनाई तो देखा मूल-भूत घटनाओं में आधारित समय में घटना घटित होने में लगभग डेढ़ माह का अन्तर आ रहा है। पुनः घटनाओं के आधार पर समय ठीक किया। अन्ततः 4-5 बार समय में उलट-फेर करने पर सही-सही समय निकाल पाया। प्रश्न है, कौन इतना श्रम करेगा तथा कौन तदनुरूप व्यय करेगा?

ऐसी स्थिति में भी इसका हल ज्योतिष में है। वह है प्रश्न ज्योतिष। प्रश्नकर्ता की जिज्ञासा, उत्सुकता, उत्कण्ठा, इच्छा, शंका, अथवा चिन्ता या अन्यान्य प्रश्नों का समाधान इस शास्त्र में जन्म-पत्री को लम्बी-चौड़ी गणितीय प्रक्रिया के बिना ही किया जाता है। तात्कालिक प्रश्नों का फल बतलाने में यह शास्त्र अपना एक अलग ही महत्त्व रखता है। जिनके पास अपनी जन्म-पत्री या वर्ष-फल नहीं है तो उनका हल प्रश्न से सम्भव है जिनके पास अपनी जन्म-कुण्डली या वर्ष-फल है उन्हें भी समय-समय पर इस तात्कालिक प्रश्न-परिणाम द्वारा लाभालाभ की आवश्यकता रहती है। यह प्रश्न किसी भी व्यक्ति विशेष, स्थान विशेष, देश, काल, परिस्थिति विशेष के लिए न होकर गरीब से लेकर अमीर तक, राजा से रंक तक सभी को समान-रूप से, यथा योग्य व साध्य उपाय बतलाकर समस्या-मुक्त करता है।

प्रश्न-शास्त्र में प्रश्नों को दो वर्गों में विभक्त किया जा सकता है—(1) वाचिक प्रश्न (2) मूक प्रश्न। जब प्रश्नकर्ता स्वयं अपने प्रश्न को ज्योतिषी के सामने रखकर उसका फल पूछता है, तब वह वाचिक प्रश्न कहलाता है। परन्तु जब प्रश्नकर्ता अपने मन में सोचे हुए प्रश्न या मनोभावों को न बतलाते हुए ज्योतिषी से अपना प्रश्न व फ़ल जानना चाहता है तो इन प्रश्नों की जानकारी तथा उसका समाधान करना एक विशिष्ट चमत्कार पूर्ण पहलू है।

यद्यपि मूक प्रश्न का निर्धारण या यथार्थ ज्ञान करना एक जटिल पहेली है, तथापि हमारे पूर्वज महर्षियों एवं आचार्यों ने इसके रहस्योद्‌घाटन हेतु प्राचीन काल से अद्यावधि निरन्तर प्रयास किए हैं और स्व-प्रयासों में सफल हुए हैं तथा इस चमत्कार से लोगों को प्रभावित कर इस शास्त्र में उनकी आस्था को दृढ़तर बनाते रहे हैं। 5वीं शताब्दी से लेकर आज तक प्रश्न शास्त्र पर कई एक ग्रन्थ लिखे गए हैं। उन सभी में प्रायः मूक प्रश्न की चर्चा की गई है।

हां, प्रश्न शास्त्रार्थ प्रश्नकर्ता व ज्योतिषी दोनों ही सात्त्विक, संयमी, सन्तोषी एवं नम्र हों तो प्रश्न पूछने व उत्तर देने का आनन्द कुछ और ही होता है। प्रश्नकर्ता धूर्त है, चालाकी दिखाने का प्रयास करता है अथवा ज्योतिषी की परीक्षा लेने का उद्देश्य लेकर आया है या उसका इरादा उपहास उड़ाने का है, व्यर्थ प्रश्नकर्ता है तो यह कोई अच्छी बात नहीं है। कारण कुशल ज्योतिषी के पास भी सभी प्रश्नों के मुंह-तोड़ उत्तर देने के लिए पर्याप्त सामग्री रहती है। फिर भी लोभवश उसको हंसी में टालकर अपनी नम्रता का अनुचित प्रमाण देकर शान्त रह जाता है जो कि पूर्ण रूप से विकसित ज्योतिषी के लिए अपमानजनक व लज्जास्पद है। किन्तु अनपढ़ के लिए सबकुछ क्षम्य है क्योंकि उसे आता ही नहीं है, तो बताएगा क्या?

लगभग सालभर पूर्व की बात है, दिल्ली में ठहरा था। एक सज्जन आए—"पंडितजी ! मेरे पास जन्मपत्री आदि नहीं है पर एक विशेष प्रश्न मुझे अपनी पत्नी के चरित्र के बारे में पूछना है।" व्यक्ति प्रौढ़ था। लगता था इनके तो सन्तानों की भी शादियां हो जानी चाहिए। खैर! प्रश्न-कुण्डली बनाई तो स्थिति अद्भुत थी, स्वयं को रोक नहीं पाया और कह बैठा—"श्रीमान् ! आप अपने गिरेबान में झांकें जरा ! आप स्वयं शराबी, जुआरी, वेश्यागामी, भारी रिश्वतखोर हैं। आप पत्नी के बारे में क्या पूछते हैं? पहले स्वयं को तो देखें, और वे स्वयं यकायक उठकर भागते नजर आए।"

अभी कल ही की घटना है। एक स्त्री को उनके पति ने मार-पीटकर घर से निकाल दिया । वह दो दिन कहां रही, ईश्वर जाने। दो दिन बाद ढूंढने पर मिलीं, उनकी बड़ी बहिन उन्हें लेकर मेरे पास आई और बोली, "भाई साहब! इन्हें पति बहुत दण्ड देते हैं। यह दुःखी होकर बार-बार घर छोड़ जाती है, क्या करें?" मैंने प्रश्न-कुण्डली बनाई, गहराई से देखा तो अद्भुत योग था। मैं स्वयं को रोक नहीं पाया और कहा—"सत्य मत छुपाना। तुम स्वयं पति के प्रति ईमानदार नहीं हो। पर पुरुष से सम्बन्ध रखती हो, पति यह बर्दाश्त नहीं कर पाता और तभी कलह होती है।" उसका सिर गड़ गया जमीन में, बड़ी बहन भौंचक्की रह गई। क्या कहे। अस्तु!

आज इस अर्थ युग में सब कुछ गुड़-गोबर होता जा रहा है। प्रश्न-कर्ता न्यूनतम शुल्क या दक्षिणा देकर सब कुछ पूछ लेना चाहता है और ज्योतिषी लाग-लपेट की बात कर, वाग्जाल फैलाकर कर्तव्य की

इतिश्री समझ लेता है। जिस प्रकार एक व्यापारी प्रातः ही दूकान खोलकर बैठ जाता है और दिन-भर की सत्य-झूठ की कमाई को देख-देखकर प्रसन्न होता है, उसी प्रकार ज्योतिषी भी विवेक-रहित सत्य-झूठ का सौदा बेचकर स्वचालों की प्रशंसा पर मुग्ध रहता है। पृष्ठा के भले-बुरे से कोई वास्ता नहीं, कोई सम्बन्ध नहीं। पृष्ठा अपनी प्रशंसा सुन मुग्ध मन चला जाता है और मुस्कुराता है कि इतने थोड़े पैसों में इतनी बातें पूछ लीं। ज्योतिषी हंसता है कि ठीक, खूब बेवकूफ बनाया। दोनों ही अपनी-अपनी जगह चतुर हैं पर दुष्परिणाम होने पर तकरार प्रायः होते हुए देखी है।

अभी पिछले दिनों वराह मिहिर जयन्ती पर कानपुर ज्योतिष सम्मेलन में किसी सज्जन ने कहा, ज्योतिष एक व्यवसाय हो गया है। पहले ज्योतिषी निःशुल्क सेवा करते थे। मुझे हंसी आ रही थी। मैंने कहा, श्रीमन्! वराह मिहिर को राज्याश्रय प्राप्त था। उनके रोगी होने पर दवा, पथ्य, जीवनयापन, शादी-विवाहादि का व्यय समाज उठाता था। आप धन्ना सेठ हैं। लक्ष्मी की अटूट कृपा है। आप मेरे परिवार का भार वहन कर लें, मैं निःशुल्क सेवा करूंगा। कोई तो विक्रमादित्य बनकर दिखाए। आप तो एक मीटर कपड़ा भी देने को तैयार नहीं, कारण आपके पीछे परिवार लगा है तो भला ज्योतिषी ने क्या परिवार को देश-निकाला दे दिया। वे बगलें झांकने लगे। चाहिए यह कि पृष्ठा भी विद्वान के पास जा अपनी शंकाओं का समाधान कर उनकी प्रसन्नता और आशीर्वाद प्राप्ति-हेतु यथायोग्य सेवा कर अपनी कृतज्ञता प्रकट करे।

हमें यह भी विशेष रूप से ध्यान रखना चाहिए कि कोई भी ज्ञान या विज्ञान वर्तमान में पूर्ण नहीं है। आए दिन पुराविधानों में नवीनता का आरोप हो रहा है और प्रत्येक वस्तु अपने परिवर्तित रूपान्तर को प्राप्त होकर कुछ-का-कुछ दिखाती है जिससे परिणाम, प्रभाव में अन्तर पड़ जाता है। पूर्ण है तो मात्र ईश्वर! ज्योतिषी भी त्रुटि तो कर ही सकता है अतः शंका-समाधान प्रश्न के तथ्य को समझकर उसकी सत्यता को विचार-विनिमय, सहायक प्रश्न से प्राप्त किया जा सकता है।

प्रश्न-विद्या में केवल घड़ी का शुद्ध समय ही पृष्ठा के शुभाशुभ फलादेश कहने में समर्थ है। ज्योतिषी को पृष्ठा के आते ही तुरन्त प्रश्न लग्न निकालकर ग्रह निरूपति कर फल कहना चाहिए और सन्धिगत लग्न पर कभी भी प्रश्न का विचार नहीं करना चाहिए।

प्रश्न लग्नोपरान्त कुण्डली-चक्र बना ग्रह स्थापित कर लें जो कि पंचांग कुण्डली या समीपवर्ती कोष्ठों से न लेकर दैनिक स्पष्ट ग्रहों से करनी चाहिए। विशेष रूप से चन्द्रमा का ध्यान रखें। यही तो तीव्रगामी मात्र सवा दो दिन में स्थान परिवर्तित होता है, थोड़ी-सी भूल भ्रमित कर देगी। प्रश्न में लग्नेश अर्थात् लग्नाधिपति, भावेश, भावों में स्थित राशियों के स्वामी, सूर्य और चन्द्रमा का विशेष महत्त्व रहता है। प्रश्नोत्तर में जितनी अधिक सावधानी उतना ही सही फलोपकथन होगा।

मैं निरन्तर ऐसी ही किसी पुस्तक का अभाव अनुभव कर रहा था कि विज्ञान पर कोई सांगोपांग पुस्तक हो तो श्रेष्ठ है। एक दिन डायमण्ड पॉकेट बुक्स, दरीबा कलां, दिल्ली में बैठा था। गुलशनराय से चर्चा हो रही थी। बातों-हीं-बातों में प्रश्न विज्ञान पर चर्चा चली। गुलशनजी ने उत्सुकता बढ़ाई। फलस्वरूप प्रश्न-विज्ञान पर यह पुस्तक तैयार की।

इसके लेखन में मुझे कमल श्रीमाली व भाई श्री डी. एस. मिश्रा का पूर्ण सहयोग प्राप्त हुआ है, उनके प्रति आभारी हूँ। पाठक जहां भी शंकानुभव करें, मुझे लिखें, शंका-समाधान का आश्वासन देता हूं।

पं. राधाकृष्ण श्रीमाली
एवं
कमल श्रीमाली

ज्योतिष अनुसंधान केन्द्र
29/20ए, श्रीसदन
हाई कोर्ट कालोनी, जोधपुर (राज०)
फोन : 25625

विषय-सूची

प्राक्कथन

आप नभ-मण्डल पर दृष्टि डालें तो आपको विचित्रताओं का खजाना प्राप्त होगा। एक सहज-स्वाभाविक उत्कंठा, उत्सुकता उत्पन्न होगी। आखिर यह सूर्य-चन्द्र, तारे उल्काएं-पुच्छल तारे, आकाश गंगा, इन्द्र-धनुष क्या हैं? आंधी-तूफान-उल्कापात कैसे होते हैं? ऋतुएं कैसे? सूर्य सदैव क्यों पूर्व में ही उदय होता है? वर्षा कैसे होती है? आदि।

जन-सामान्य, जन-साधारण की तो बात ही क्या करें, पर वे जो घर त्याग चुके हैं, राग-द्वेष, लोभ-मोह-काम-क्रोध से परे हैं, वीतरागी हैं, साधु, संन्यासी, महात्मा तक भी भविष्य के लिए लालायित रहते हैं?

आवश्यकता आविष्कार की जननी है। गुप्त को प्रकट करना उसका स्वभाव है। रहस्य से परदा हटाना उसकी आदत है। क्यों? कैसे? कहां? के उत्तर ढूंढ़ने का सतत प्रयास वह करता है और इसी कारण मानव पाषाण लोक से स्पूतनिक युग तक पहुंच गया है। आगे भी भविष्य को जानने के लिए सदैव लालायित रहेगा, यह कटु सत्य है। मानव सहज स्वभाव है और जब अनजान से भिज्ञ हो जाता है तो आनन्द की अनुभूति होती है, वह हर्षित हो उठता है। एक तृप्ति का अहसास होता है। वह अप्राप्य को प्राप्त कर धन-धान्यपूर्ण हो जाता है।

अपनी जिज्ञासा की शान्ति के लिए मनुष्य ने आदि-अनादि काल से अनेक उपाय किये हैं। उपाय खोजे व खोज रहा है। इसमें सामुद्रिक शास्त्र, तन्त्र-मन्त्र प्रश्न, शकुन, रमल, प्रथम हैं। इसमें सामुद्रिक शास्त्र व ज्योतिष, इन्हें सफलता के प्रथम चरण में मनुष्य प्राप्त कर चुका है। उन्नति व विकास की भावना ने मानव को चन्द्र लोक तक पहुंचने को लालायित किया है।

सभ्यता का उदय भारत, चीन, मिश्र आदि देशों से माना जाता रहा है। इन स्थानों पर सभ्यता का इतिहास आज हमें उपलब्ध हुआ है। उसमें एक बूंद ज्योतिष व सामुद्रिक शास्त्र भी है। आज इस पावन विज्ञान की और निरन्तर खोजें हो रही हैं। अनुसंधान हो रहे हैं। उस समय जब संसार अज्ञान-अंधकार में मूढ़मति पड़ा हुआ था, तब भी भारत ज्ञान से परिपूर्ण था। ज्ञान-प्रकाश में भारत जगमगा रहा था। अज्ञानान्धकार वह दूर करता चला जा रहा था। तदर्थ ज्योतिष भारतीय विद्या है जो कि सभ्यता संस्कृति के साथ-साथ फारस, चीन, यूनान, होते सुदूर-पूर्व में पहुंची। काल गति से

हमारा सम्बन्ध इन देशों से टूटता गया और पुनः स्वतन्त्र विज्ञान के रूप में भिन्न-भिन्न स्थानों पर भिन्न-भिन्न ढंग से इन विद्याओं का विकास हुआ।

'योग विद्या' भारतीय ऋषि, मनीषियों की श्रेष्ठतम उपलब्धि रही है। उनके पास संचय दृष्टि, दिव्य दृष्टि थी। इससे उन्होंने सम्पूर्ण सौर मण्डल को देख लिया और उनका नियमन किया और भारत की पावन भूमि से यह विद्या ग्रीस व वहां से यत्र-तत्र-सर्वत्र बिखरती चली गई। डब्ल्यू. डब्ल्यू. हण्टर, मेक्स मूलर, फ्रॉक्वीस, बर्नियर, क्राफ्ट, आर्मस्टर्जन, रॉबर्टसन, विलसन, कोलब्रुक आदि पाश्चात्य विद्वानों ने एकमत से इस विद्या को भारत की देन माना है।

मनुष्य-जीवन चौरासी लाख योनि भोगने के बाद ही मिलता है: तात्पर्य यह है कि मानव योनि श्रेष्ठतम योनि है। भारतीय दर्शन कहता है कि मानव निरन्तर कर्मरत रहता है। इस कर्म के भी तीन भेद माने गए हैं—

(1) संचित, (2) प्रारब्ध, (3) क्रियमाण।

वर्तमान क्षण तक किया गया कर्म संचित कहा जाता है। यह चाहे पूर्व जन्म में किया गया हो या इस जन्म में। समस्त कर्म एक जन्म में भोगना संभव नहीं होता अतः वह उसे क्रम से भोगता है, और कर्मों से जो जितना भाग भोगना प्रारम्भ करता है वह 'प्रारब्ध' और जो कर्म अभी हो रहा है, उसे 'क्रियमाण' कहा जाता है।

इस प्रकार उक्त तीन कर्मों के कारण आत्मा अनेक जन्मों को धारण करती हुई अग्रसर होती रहती है।

स्थूल शरीर से आत्मा का अटूट सम्बन्ध बना रहता है और जीर्ण वस्त्र के समान वह शरीर छोड़ती है पर दूसरे शरीर के लिए लिंग व पिछले संस्कारों का उससे कोई सम्बन्ध नहीं रहता। ज्योतिष विज्ञान इसी को स्पष्ट करता है, कि आत्मा स्थूल शरीर में रहते हुए भी जन्म-जन्मान्तरों के सम्बन्धों से सम्बन्धित रहती है।

बालक के गर्भ से बाहर आते ही दादा, दादी, मामा, मामी, माता, पिता, भाई, बहिन, चाचा, चाची, नाना, नानी, बुआ आदि से मिलकर एक अपना अलग ही छोटा-सा संसार बन जाता है, पर इस अवस्था में बालक स्वयं क्रियाशील नहीं रहता है। 12 वर्ष की आयु तक वह प्रायः पराश्रित रहता है, अतः तब तक ज्योतिष प्रभावी नहीं मानता।

मनोविज्ञान वेत्ताओं ने क्रियात्मकता के आधार पर मानव व्यक्तित्व को दो भागों में विभक्त किया है—

(1) बाह्य व्यक्तित्व,
(2) आंतरिक व्यक्तित्व।

बाह्य व्यक्तित्व के अनुसार मानव जन्म लेकर अपने पूर्व जन्म के विचार, भाव या क्रियाओं के अनुरूप, अपने-आपको ढालने का प्रयास करता है। धीरे-धीरे अपने व्यक्तित्व, कार्यों, अनुभवों एवं विचारों को संजोकर रखता है।

ज्योतिष के आधार पर बाह्य व्यक्तित्व के तीनों रूप—(i) भाव, (ii) विचार, (iii) क्रिया तथा आन्तरिक व्यक्तित्व के रूप, स्मृति, अनुभव एवं प्रवृत्ति के अन्तःकरण एक रूप में संगठित करता है। यही प्रतीक सौर मण्डल के सात ग्रह हैं।

संक्षेप में रूप व उनके प्रतीक यों हैं—

बाह्य व्यक्तित्व

रूप	**ग्रह**	**प्रभाव**
प्रथम रूप	बृहस्पति	शरीर, धर्म, सौंदर्य, प्रेम, शक्ति।
द्वितीय रूप	मंगल	इन्द्रिय-ज्ञान, आनन्द, इच्छा, आत्म- विश्वास, दृढ़ता आदि।
तृतीय पक्ष	चन्द्रमा	शरीर व मन में होनेवाले परिवर्तन, संवदेना, भावना, कामना, कामेच्छा आदि।

आन्तरिक व्यक्तित्व

प्रथम रूप	शुक्र	कला, प्रेम, सौंदर्य, आकर्षण, निःस्वार्थ प्रेम, कार्य-दक्षता, परख बुद्धि आदि।
द्वितीय रूप	बुध	आध्यात्मिक शक्ति, निर्णय-बुद्धि, स्मरण-शक्ति, तर्क आदि।
तृतीय रूप	सूर्य	देवत्व, सदाचार, इच्छा-शक्ति, प्रभुता, ऐश्वर्य, आत्म-विश्वास, दयालुता का प्रतीक।
अन्तःकरण	शनि	तात्त्विक ज्ञान, नायकत्व, मननशीलता, धैर्य, दृढ़ता, गम्भीरता, सतर्कता, कार्य-क्षमता आदि के प्रतीक रूप में।

वराह मिहिर ने इन सात ग्रहों का व 12 राशियों का स्थान अपने शरीर में निम्न प्रकार से बनाया है—

क्रम संख्या	अंग	राशि
1	मस्तक	मेष
2	मुख	वृष
3	हृदय	मिथुन
4	वक्षस्थल	कर्क
5	उदर	सिंह
6	कटि	कन्या
7	वस्ति	तुला
8	लिंग	वृश्चिक
9	जंघा	धनु
10	जानु-घुटना	मकर
11	पिंडली	कुंभ
12	पैर	मीन

उपर्युक्त बारहों राशियों में भ्रमण करनेवाले ग्रहों में
सूर्य—आत्मा बुध—वाणी
चन्द्रमा—मन गुरु—ज्ञान
मंगल—धैर्य शुक्र—वीर्य
शनि—संवेदना के प्रतीक हैं।

ग्रहों का जीवन पर प्रभाव

स्वयं पृथ्वी भी सौर-मण्डल की एक समस्या है। वह अबाध गति से निरन्तर सूर्य ग्रह की परिक्रमा करती है। पृथ्वी में भी आकर्षण शक्ति है, अतः स्वयं भी प्रभावित होकर उसे अपनी ओर खींचने की चेष्टा करती है। इसी के फलस्वरूप, पृथ्वी पर ताप, प्रकाश व ओज प्रदत्त होते है। जीवधारियों में प्राण-शक्ति का इसी से संचार होता हैं। सूर्य के समान अन्य ग्रहों का भी प्रभाव धरती पर पड़ता है, जो परस्पर ओजादि प्रदान करते हैं।

सौर मण्डल में जो भी, जितने भी ग्रह हैं, उनका एक निश्चित मार्ग है और जब-जब, जिन ग्रहों का प्रभाव पृथ्वी पर पड़ता है, उसी गति में उसका फल भी पड़ता है। या हम यों कह सकते हैं कि जन्म-कुण्डली आकाशीय नक्षत्र ग्रहवृत समूहों का मानचित्र है तो अनुचिंतन होगा, जिस मार्ग से सभी ग्रह सूर्य के इर्द-गिर्द चक्कर लगाते रहते हैं, जिस मार्ग से पृथ्वी सूर्य का चक्कर लगाती है, उसी मार्ग के आसपास ही नक्षत्र गोल में सभी ग्रहों का भी मार्ग है, जो क्रान्ति वृत पर 7° कोणात्मक, शुक्र का 3°, 23°, 35°, मंगल का 1°, 51°, 2°, गुरु का 6°, 18°, 41°, शनि का 2°, 29°, 4°; यूरेनस

का 0°, 46°, 20°, नेप्च्यून का 1°, 40°, 02° क्रान्ति वृत्त पर झुका हुआ है। चन्द्रमा पृथ्वी-परिक्रमा मार्ग क्रान्तिवृत्त से 4.56° से 5°, 20° तक ऊपर नीचे है।

तात्पर्य यह है कि सभी ग्रह क्रान्तिवृत 7-8 अंश उत्तर या दक्षिण होकर चलते हैं। इसी विशिष्ट मार्ग का आकाशीय विस्तार राशि है, जिसके 12 भाग हैं और प्रत्येक का मान 3° है। इन राशियों का आकार पृथ्वी पर रहनेवाले जीवों के समान ही होने के कारण उनका वैसा ही नाम पड़ा। इस प्रकार से 12 राशियां —

1. मेष	2. वृष	3. मिथुन
4. कर्क	5. सिंह	6. कन्या
7. तुला	8. वृश्चिक	9. धनु
10. मकर	11. कुम्भ	12. मीन

मानव के जीवन के भाग्य का सम्बन्ध ग्रहों से है, और ग्रहों की गति क्रान्तिवृत्त के आस-पास के नक्षत्र-मण्डल में ही है अतः ज्योतिषियों ने नक्षत्र-मण्डल के 27 भागों के 27 नक्षत्र मानकर उनका नामकरण संस्कार किया।

इस मंडल में चन्द्रमा 1 दिन में 13°, 20° चलता है। इसके लिए उसकी गति को 27 भागों में विभक्त किया गया है। पृथ्वी के इन्हीं नक्षत्रों में 365, 15, 31, 30, 365, 6, 9, 9, 7 गति पर सूर्य की परिक्रमा करती है जिससे एक सूर्य वर्ष बनता है। पृथ्वी अपनी धुरी पर भी 26°, 28°, 52° झुकी हुई है। इसके कारण उसकी गति के मध्य उसका विषुवत दो स्थानों पर क्रान्तिवृत्त को काटना है जिससे अयन बनता है। इसी से सूर्य 6 माह उत्तर अयन व 6 माह दक्षिणायन रहता है। कान्ति-वृताश्रित मार्ग के नक्षत्र-मण्डल के 30° के एक भाग को राशि कहते हैं। पूरा वृत्त इसका 360° का होता है।

जन्मकाल के समय पूर्व क्षितिज पर क्रान्तिवृत्त का जो भाग होता है उसे लग्न-स्फुट कहा जाता है। उस राशि को लग्न राशि कहा जाता है। इसके पश्चात् सौर मण्डल में जो ग्रह जहां होता है, जातक की कुण्डली में उसी स्थान पर उस ग्रह को बिठाया जाता है।

भारतीय ज्योतिष का उद्देश्य स्वयं की आत्मा का कल्याण और शुभाशुभ का निर्णय करते हुए भविष्य का संकेत देता है, व्यावहारिक रूप में, क्रियात्मक रूप में इसके दो सिद्धान्त हैं—

(1) गणित

(2) फलित

गणित में करण, तन्त्र और सिद्धान्त, तीन भेद हैं तथा फलित में जातक, ताजिक, मूहूर्त, प्रश्न व शकुन, पांच भेद हैं। हर व्यक्ति ज्योतिषी

बने, यह तो आवश्यक नहीं परन्तु सामान्य ज्ञान हर व्यक्ति को हो, यह आवश्यक है।

जातक—जिस व्यक्ति की जन्म-कुण्डली पर विचार किया जाय या किया जा रहा हो वह उस कुण्डली का जातक कहा जाता है।

ताजिक—वर्ष कुण्डली से फल जानने की रीति को ताजिक रीति कहा जाता है।

ग्रह—ज्योतिष में कुल नौ ग्रह माने गये हैं, आज वरुण (Uranus) वरुणी (Neptune) को भी इसमें सम्मिलित कर लिया गया है। मैं यहां अन्याय भाषाओं में ग्रहों के पारिभाषिक नाम दे रहा हूँ।

क्र. सं.	ग्रह	अंगेजी नाम	अरबी	संस्कृत
1.	सूर्य	Sun	शम्स आफ़ताब	आदित्य, अर्क, इन, उष्ण, रश्मय, दिवाकर, प्रभाकर, रवि, भानु, दिनेश, मार्तण्ड, भाष्करादि।
2.	चन्द्र	Moon	कमर माह फारसी	शशि, शशांक, रजनीश, नक्षत्रेश, विधु, सोम, मृगांक, सारंग, राकेश, सुधाकर, तारापति।
3.	मंगल	Mars	मारीक	अंगारक, भौम, मही-सुत, कुंज, भूसुत, क्रूर नेत्र, लोहितांग, घराज, क्षितिनन्दन।
4.	बुध	Mercury	उ तारद, तीर	इन्दुसुत, चन्द्रसुत, बोधन, वित्त, सौम्य श्याम, गाव, हेमन।
5.	गुरु	Jupiter	नुशतरी, आईरम, झंद	अंगीरस, अंगिरा, आर्य बृहस्पति, जीव, सुरा-चार्य, वाचस्पति, सुर-गुरु, देवगुरु।
6.	शुक्र	Venus	जुहरी, नाटीद	सित, सुनु, काण, देव वेज्यादि।
7.	शनि	Saturna	जुहुल केदवान्	सूर्यपुत्र, रविज, पंगु सौरी, श्राष्कारी।

8.	राहु	Dragons Head (Node)	रास	अंकु, तम, स्वर्भानु, अभि कपि, लास, दीर्घ, असुर-गृह, सर्प, फणि।
9.	केतु	Dragons Tale (Node)	—	जनक, ध्वज, शिखिर, राहु, पुच्छ।
10.	वरुण	Uranus	—	
11.	वारुणी	Naptun	—	

ऋतुएं—मौसम की तब्दीली के कारण ऋतुओं का जन्म हुआ। यह भी एक प्रकार के समय नापने के कार्य में सहायता देती हैं। जैसे एक वसंत ऋतु से अगले वसन्त ऋतु तक एक वर्ष होता है। ये ऋतुएं छः हैं—1. वसन्त, 2. ग्रीष्म, 3. वर्षा, 4. शरद, 5. हेमन्त, 6. शिशिर।

मास—मास का दूसरा नाम महीना है। एक वर्ष में बारह मास होते हैं। हिन्दी व अंग्रेजी महीनों के नाम निम्न प्रकार हैं—

क्रम संख्या	हिन्दी मास	अंग्रेजी मास
1.	चैत्र	January
2.	बैसाख	February
3.	ज्येष्ठ	March
4.	आषाढ़	April
5.	श्रावण	May
6.	भाद्रपद	June
7.	आश्विन	July
8.	कार्तिक	August
9.	मार्गशीर्ष	September
10.	पौष	October
11.	माह-माघ	November
12.	फाल्गुन	December

पक्ष—एक मास में दो पक्ष होते हैं —

1. **कृष्ण पक्ष**—अंधेरा पक्ष या वदी।
2. **शुक्ल पक्ष**—उजियाला या सुदी।

प्रति माह पूर्णिमा के बाद प्रतिपदा से अमावस्या तक कृष्ण पक्ष व अमावस्या के बाद प्रतिपदा से पूर्णिमा तक शुक्ल पक्ष कहा जाता है।

तिथि—चन्द्रमा की एक कला को तिथि कहा जाता है। उसका सूर्य व चन्द्रमा के अन्तरांशों पर से मान निकाला जाता है। प्रतिदिन 13 अंशों का अन्तर सूर्य व चन्द्रमा के भ्रमण में होता है। यही अन्तरांश का मध्यमान है। तिथियों की गणना शुक्ल पक्ष की प्रतिपदा से होती है —

तिथि संज्ञाएं

1. नन्दा	1, 6, 11
2. भद्रा	2, 7, 12
3. जया	3, 8, 13
4. रिक्ता	4, 9, 14
5. पूर्वा	5, 10, 15
6. पररन्ध्र	4, 6, 8, 9, 12, 14

अमावस्या भेद

1. प्रातःकाल से रात्रि तक रहनेवाली अमावस्या को सोनी अमावस्या कहा जाता है।
2. चतुर्दशी से विद्ध को 'दर्श; अमावस्या कहा जाता है।

तिथि स्वामी—

क्रम संख्या	तिथियां	स्वामी
1.	प्रतिपदा-एकम	अग्नि
2.	द्वितीया-दूज	ब्रह्मा
3.	तृतीया-तीज	गौरी
4.	चतुर्थी-चौथ	गणेश
5.	पंचमी-पंचम	शेष
6.	षष्ठी-छठ	कार्तिकेय
7.	सप्तमी-सातम	सूर्य
8.	अष्टमी-आठम	शिव
9.	नवमी-नवम्	दुर्गा
10.	दशमी-दशम	काल
11.	एकादशी-ग्यारस	विश्वेदेव
12.	द्वादशी-बारस	विष्णु
13.	त्रयोदशी-तेरस	काम
14.	चतुर्दशी-चौदस	शिव
15.	पूर्णिमा-पूनम	चन्द्रमा
16.	अमावस्या-अमावस	पितृदेव

मास शून्य तिथि—

1.	चैत्र	दोनों पक्षों की अष्टमी-नवमी
2.	बैसाख	दोनों पक्षों की द्वादशी
3.	ज्येष्ठ	कृष्ण पक्ष की चतुर्दशी, शुक्ल पक्ष की सप्तमी।
4.	आषाढ़	कृष्ण पक्ष की अष्टमी, शुक्ल पक्ष की सप्तमी।
5.	श्रावण	दोनों पक्षों की द्वितीया-तृतीया

6.	भाद्रपद	दोनों पक्षों की प्रतिपदा-द्वितीया
7.	आश्विन	दोनों पक्षों की दशमी-एकादशी
8.	कार्तिक	कृष्णपक्ष की पंचमी, शुक्ल पक्ष की चतुर्दशी।
9.	मार्गशीर्ष	दोनों पक्ष की सप्तमी-अष्टमी।
10.	पौष	दोनों पक्ष की चतुर्थी व पंचमी।
11.	माघ	कृष्ण पक्ष की पंचमी, शुक्ल पक्ष की षष्ठी।
12.	फाल्गुन	कृष्ण पक्ष की चतुर्थी, शुक्ल पक्ष की तृतीया।

मास शून्य तिथियों में कार्य करने पर सफलता नहीं मिलती।

सिद्धि तिथियां

क्रम संख्या	**तिथियां**	**वार**
1.	3, 8, 13	मंगलवार
2.	2, 7, 12	बुधवार
3.	5, 10, 15	गुरुवार
4.	1, 6, 12	शुक्रवार
5.	4, 9, 14	शनिवार

	रविवार	**सोम**	**मंगल**	**बुध**	**गुरु**	**शुक्र**	**शनि**
दग्धातिथि	12	11	5	3	6	8	9
विष	4	6	7	2	8	9	7
हुताशन तिथि	12	6	7	8	9	10	11

अब मैं ग्रह स्वामियों के अनुसार राशियों का वर्गीकरण कर रहा हूं।

क्रम सं.	**राशि**	**ग्रह**
1.	मेष	मंगल
2.	वृष	शुक्र
3.	मिथुन	बुध
4.	कर्क	चन्द्रमा
5.	सिंह	सूर्य
6.	कन्या	बुध
7.	तुला	शुक्र
8.	वृश्चिक	मंगल
9.	धनु	गुरु
10.	मकर	शनि
11.	कुंभ	शनि
12.	मीन	गुरु

उपर्युक्त सारणी से ज्ञात होगा कि राशि-क्रम में शनि, मकर और कुंभ

राशि का स्वामी है। गुरु, बुध, मंगल, शुक्र ग्रह दो-दो राशियों के अधिपति एवं सूर्य-चन्द्रमा केवल एक राशि के स्वामी हैं।

इसके अतिरिक्त ज्योतिष शास्त्र में 27 नक्षत्र भी माने गये हैं जिनका क्रम निम्न प्रकार है। वास्तव में ज्योतिष शास्त्र का आधार 9 ग्रह, 2 छाया ग्रह, 12 राशियां और 27 नक्षत्र हैं।

क्रम सं.	नक्षत्र	ग्रह स्वामी
1.	अश्विनी	केतु
2.	भरणी	शुक्र
3.	कृत्तिका	सूर्य
4.	रोहिणी	चन्द्रमा
5.	मृगशिरा	मंगल
6.	आर्द्रा	राहु
7.	पुनर्वसु	गुरु
8.	पुष्य	शनि
9.	अश्लेषा	बुध
10.	मघा	केतु
11.	पूर्वाफाल्गुनी	शुक्र
12.	उत्तराफाल्गुनी	सूर्य
13.	हस्त	चन्द्रमा
14.	चित्रा	मंगल
15.	स्वाति	राहु
16.	विशाखा	गुरु
17.	अनुराधा	शनि
18.	ज्येष्ठा	बुध
19.	मूल	केतु
20.	पूर्वाषाढ़	शुक्र
21.	उत्तराषाढ़	सूर्य
22.	श्रवण	चन्द्रमा
23.	धनिष्ठा	मंगल
24.	शतभिषा	राहु
25.	पूर्वभाद्रपद	गुरु
26.	उत्तरभाद्रपद	शनि
27.	रेवती	बुध

तारा समूह का नाम ही नक्षत्र है। नभ-मण्डल में अनगिनत तारों के कारण विभिन्न स्वरूप यथा, अश्व, शंकर, सर्प, हाथ आदि बन जाते हैं, यही

नक्षत्र हैं। आकाश मण्डल की दूरी मापने का माध्यम ये नक्षत्र हैं। ज्योतिर्विदों ने आकाश मण्डल को 27 भागों में विभक्त करके प्रत्येक का एक-एक प्रतिनिधि अधिपति माना है। प्रत्येक नक्षत्र भी सूक्ष्मता की दृष्टि से चार भागों में विभक्त हैं—

क्रम सं.	नक्षत्र	स्वामी	पर्याय
1.	अश्विनी	अश्विनी कुमार	वस्त्र, हृय, अश्वियुग
2.	भरणी	काल	यम, याम्य
3.	कृत्तिका	अग्नि	हुताशन, अग्नि, बहुला
4.	रोहिणी	ब्रह्मा	विधि, विरंचि
5.	मृगशीर्ष	चन्द्रमा	सौम्य, मयंक, उड्डव
6.	आर्द्रा	रुद्र	ताराका, उद
7.	पुनर्वसु	अदिति	अदिति, सुर, जननी
8.	पुष्य	गुरु	तिष्य, अमरेज्य
9.	अश्लेषा	सर्प	अहि, भुजंग
10.	मघा	पित्तर	जनक, पितृ
11.	पूर्वा-फाल्गुनी	भग	भाग्य, पूर्व भग
12.	उत्तरा-फाल्गुनी	अर्यमा	उत्तर भग
13.	हस्त	सूर्य	भानु, अर्क
14.	चित्रा	विश्वकर्मा	त्वष्टा
15.	स्वाति	पवन	वात, वायु, समीर
16.	विशाखा	शुक्राग्नि	द्विदेवल, इन्द्रग्निक
17.	अनुराधा	मित्र	मैत्र
18.	ज्येष्ठा	इन्द्र	शतमुख, सुरस्वामी
19.	मूल	निर्ऋति	अखुर, क्रतभुज
20.	पूर्वाषाढ़	जल	पय, उदक, सलिलपत्र
21.	उत्तराषाढ़	विश्वेदेव	विश्व
22.	श्रवण	विष्णु	हरि, श्रोणा
23.	धनिष्ठा	वसु	वसु
24.	शतभिषा	वरुण	प्रचेता, शततारका
25.	पूर्व-भाद्रपद	अजकपद	अजैकपाद, अजपात्
26.	उत्तरा-भाद्रपद	अहिर्बुधन्य	अहिर्बुधन्य, उत्तरा
27.	रेवती	पूषा	पूषा, पोष्ठा।

पंचक संज्ञक नक्षत्र

धनिष्ठा, शतभिषा, पूर्वाभाद्रपद, उत्तराभाद्रपद, रेवती—ये अशुभ

फलदायक हैं।

मूल—ज्येष्ठा, आश्लेषा, रेवती, मघा, मूल, अश्विनी उक्त नक्षत्र में जन्म लेने पर ग्रह-शान्ति आवश्यक है।

ध्रुव—उत्तरा फाल्गुनी, उत्तराषाढ़ा, उत्तराभाद्रपद, रोहिणी अशुभ है।

चर—स्वाति, पुनर्वसु, श्रवण, धनिष्ठा, शतभिषा, कार्यानुरूप फल।

मिश्र—विशाखा, कृत्तिका, सामान्य नक्षत्र।

लघु—हस्त, अश्विनी, पुष्य, अभिजित, कार्यानुरूप फल।

मैत्री—मृगशिरा, रेवती, चित्रा, अनुराधा, सामान्य नक्षत्र।

दारुण—मूल, ज्येष्ठा, आर्द्रा, आश्लेषा, पीड़ादायक।

अधोमुख—आश्लेषा, विशाखा, मूल, कृत्तिका, पूर्वा-फाल्गुनी, भरणी, मघा।

ऊर्ध्वमुख—आर्द्रा, पुष्य, श्रवण, धनिष्ठा, शतभिषा।

तिर्यक मुख—अनुराधा, हस्त, पुनर्वसु, ज्येष्ठा, स्वाति, अश्विनी।

दग्ध संज्ञक

क्र. सं.	**नक्षत्र**	**वार**
1.	भरणी	रविवार
2.	चित्रा	सोमवार
3.	उत्तराषाढ़	मंगलवार
4.	धनिष्ठा	बुधवार
5.	उत्तरा-फाल्गुनी	गुरुवार
6.	ज्येष्ठा	शुक्रवार
7.	रेवती	शनिवार

उक्त दिनों में शुभ कार्य करना अशुभ है।

क्र.सं.	**मास**	**नक्षत्र**
1.	चैत्र	अश्विनी-रोहिणी
2.	बैशाख	स्वाति-चित्रा
3.	ज्येष्ठ	पुष्य-उत्तराषाढ़ा
4.	आषाढ़	धनिष्ठा-पूर्वा फल्गुनी
5.	श्रावण	उत्तराषाढ़
6.	भाद्रपद	शतभिषा-रेवती
7.	अश्विनी	पूर्वाभाद्रपद
8.	कार्तिक	कृत्तिका-मघा
9.	मार्गशीर्ष	चित्रा-विशाखा
10.	पौष	आर्द्रा, अश्विनी, हस्त
11.	माघ	श्रवण, मूल
12.	फाल्गुन	ज्येष्ठ, भरणी

उपर्युक्त 27 नक्षत्रों को 9 ग्रहों में बांट दिया गया है। प्रत्येक ग्रह के अन्तर्गत 3-3 नक्षत्र हैं और यदि आप सारणी पर ध्यान दें तो देखेंगे कि पहले नक्षत्र से नवें नक्षत्र तक जो ग्रह नक्षत्र के स्वामी हैं वे ही 10वें नक्षत्र से 18वें नक्षत्र तक तथा 19वें नक्षत्र से 27वें नक्षत्र तक नक्षत्र-स्वामी हैं। इसे अत्यन्त सरल रूप में निम्न प्रकार से समझा जा सकता है—

	ग्रह	**नक्षत्र**	**नक्षत्र क्रम**
1.	केतु	अश्विनी-मघा-मूल	1-10-19
2.	शुक्र	भरणी-पूर्वाफाल्गुनी-पूर्वाषाढ़ा	2-11-20
3.	सूर्य	कृत्तिका-उत्तराफाल्गुनी-उत्तराषाढ़ा	3-12-21
4.	चन्द्रमा	रोहिणी-हस्त-श्रवण	4-13-22
5.	मंगल	मृगशिरा-चित्रा-धनिष्ठा	5-14-23
6.	राहु	आर्द्रा-स्वाती-शतभिषा	6-15-24
7.	गुरु	पुनर्वसु-विशाखा-पूर्वा भाद्रपद	7-16-25
8.	शनि	पुष्य-अनुराधा-उत्तराभाद्रपद	8-17-26
9.	बुध	अश्लेषा-ज्येष्ठा-रेवती	9-18-27

प्रत्येक राशि सवा दो (2 ¼) नक्षत्र की होती है। राशि-ग्रह-नक्षत्र क्रम को समझने के लिए थोड़ा गणित का ज्ञान आवश्यक है।

सम्पूर्ण चक्र	360 अंश
प्रत्येक राशि (अतः राशि = 30 × 12 = 360 अंश)	30 अंश
प्रत्येक नक्षत्र (4 चरण = 3.20 × 4 = 12.80) 13 अंश	20 कला
प्रत्येक नक्षत्र का चरण (Quarter)	3 अंश 20 कला

चूंकि एक नक्षत्र में चार चरण (भाग) होते हैं अतः 3 अंश 20 कला × 4 = 13 अंश कला का नक्षत्र मान होगा। साथ में यह भी समझ लें कि —

1 राशि	=	30 अंश
1 अंश	=	60 कला
1 कला	=	60 विकला

अत्यन्त सरलतम रूप में निम्न प्रकार समझा जा सकता है—

प्रत्येक राशि मान = 12 राशि × 30 अंश	= 360 अंश
प्रत्येक नक्षत्र मान = 27 नक्षत्र × 13.20	= 360 अंश
प्रत्येक चरण मान = 3.20 × 108	= 360 अंश

27 नक्षत्रों को 12 राशियों में सवा दो नक्षत्र प्रति राशि की गणित के मान से बांट दिया गया है, जिसका क्रम निम्न प्रकार है—

क्र. सं.	**राशि**	**नक्षत्र**
1.	मेष	अश्विनी, भरण, कृत्तिका 1 चरण
2.	वृष	कृतिका 3 चरण, रोहिणी, मृगशीर्ष 2 चरण

3.	मिथुन	मृगशीर्ष 2 चरण, आर्द्रा, पुनर्वसु 3 चरण
4.	कर्क	पुनर्वसु 1 चरण, पुष्य, अश्लेषा
5.	सिंह	मघा, पूर्वा फालगुनी, उत्तरा फाल्गुनी 1 चरण
6.	कन्या	उत्तरा फाल्गुनी 3 चरण, हस्त, चित्रा 2 चरण
7.	तुला	चित्रा 2 चरण, स्वाती, विशाखा 3 चरण
8.	वृश्चिक	विशाखा 1 चरण, अनुराधा, ज्येष्ठा
9.	धनु	मूल, पूर्वाषाढ़ा, उत्तराषाढ़ा 1 चरण
10.	मकर	उत्तराषाढ़ा 3 चरण, श्रवण, धनिष्ठा 2 चरण
11.	कुंभ	धनिष्ठा 2 चरण, शतभिषा, पूर्वाभाद्रपद 3 चरण
12.	मीन	पूर्वाभाद्रपद 1 चरण, उत्तराभाद्रपद, रेवती

मानव शरीर पर नक्षत्र-स्थिति

ज्योतिष शास्त्र में नक्षत्रों की विशिष्ट स्थिति मानी गई है, अतः यह जानना आवश्यक है कि शरीर के प्रत्येक भाग पर किस नक्षत्र का प्रभाव होता है, और प्रत्येक नक्षत्र किस अंग का प्रतिनिधित्व करता है।

क्रम सं.	नक्षत्र	अंग
1.	अश्विनी	पैर के ऊपरी भाग
2.	भरणी	तलवा
3.	कृत्तिका	सिर
4.	रोहिणी	भाल (माथा)
5.	मृगशिरा	भौंह
6.	आर्द्रा	आँख
7.	पुनर्वसु	नाक
8.	पुष्य	चेहरा
9.	अश्लेषा	कान
10.	मघा	होंठ
11.	पूर्वा-फाल्गुनी	दाहिना हाथ
12.	उत्तरा-फाल्गुनी	बायां हाथ
13.	हस्त	अंगुलियां
14.	चित्रा	कमर
15.	स्वाति	सीना
16.	विशाखा	छाती
17.	अनुराधा	उदर
18.	ज्येष्ठा	आमाशय
19.	मूल	कोख

20.	पूर्वाषाढ़	पीठ
21.	उत्तराषाढ़	रीढ़
22.	श्रवण	कमर
23.	धनिष्ठा	गुदा
24.	शतभिषा	जांघ दाहिनी
25.	पूर्वा भाद्रपद	जांघ बायीं
26.	उत्तरा भाद्रपद	पिंडली
27.	रेवती	टखने (घुटने)

शरीर के प्रत्येक अंग से नक्षत्रों के संबंध का उपयोग रोग एवं ऐक्सीडेंट इत्यादि में किया जाता है। अशुभ ग्रह जब-जब विशेष अंग से संबंधित नक्षत्रों पर भ्रमण करते हैं तभी उपर्युक्त फल प्राप्त होते हैं अतः इसका ज्ञान आवश्यक है।

नक्षत्र गुणभेद—नक्षत्रों का गुण के आधार पर नक्षत्रों की शुभता-अशुभता का विचार किया जाता है।

पुनर्वसु	कृत्तिका	अश्विनी, मघा, मूल
विशाखा	उत्तरा फाल्गुनी	मृगशिरा, चित्रा, धनिष्ठा
पूर्वाभाद्रपद	उत्तराषाढ़ा	पुष्य, अनुराधा, उत्तरा-भाद्रपद,
आश्लेषा	रोहिणी	आर्द्रा,
ज्येष्ठा	हस्त	स्वाती, शतभिषा
रेवती	श्रवण	
	भरणी	
	पूर्वा-फाल्गुनी	
	पूर्वाषाढ़ा।	

नक्षत्र मान—जैसा कि मैं पिछले पृष्ठों में कह चुका हूं कि एक नक्षत्र का मान 13 अंश 20 कला होता है, परन्तु यह भी जानना आवश्यक है कि प्रत्येक नक्षत्र का मान क्या है तथा आकाश पथ पर कितने अंश तक प्रभाव रहता है। निम्न सारणी से विशेष रूप से विस्तृत विवरण ज्ञात हो सकेगा।

क्र. सं.	नक्षत्र	अंश कला से	अंश कला तक
1.	अश्विनी	0-0	13-20
2.	भरणी	13-20	26-40
3.	कृत्तिका	26-40	40-00
4.	रोहिणी	40-00	53-20
5.	मृगशिरा	53-20	66-40
6.	आर्द्रा	66-40	80-00
7.	पुनर्वसु	80-00	93-20

8.	पुष्य	93-20	106-40
9.	अश्लेषा	106-40	120-00
10.	मघा	120-00	133-20
11.	पूर्वा-फाल्गुनी	133-20	146-40
12.	उत्तरा-फाल्गुनी	146-40	160-00
13.	हस्त	160-00	173-20
14.	चित्रा	173-20	186-40
15.	स्वाति	186-40	200-00
16.	विशाखा	200-00	213-20
17.	अनुराधा	213-20	226-40
18.	ज्येष्ठा	226-40	240-00
19.	मूल	240-00	253-20
20.	पूर्वाषाढ़	253-20	266-40
21.	उत्तराषाढ़	266-40	280-00
22.	श्रवण	280-00	293-20
23.	धनिष्ठा	293-20	306-40
24.	शतभिषा	306-40	320-00
25.	पूर्वा भाद्रपद	320-00	333-20
26.	उत्तरा भाद्रपद	333-20	346-40
27.	रेवती	346-40	360-00

सूर्य-नक्षत्र भ्रमण-सारणी

गाह	नक्षत्र	नक्षत्र-स्वामी
13 अप्रैल से 26 अप्रैल तक	अश्विनी	केतु
27 अप्रैल से 10 मई तक	भरणी	शुक्र
11 मई से 23 मई तक	कृत्तिका	सूर्य
24 मई से 6 जून तक	रोहिणी	चन्द्र
7 जून से 20 जून तक	मृगशिरा	मंगल
21 जून से 4 जुलाई तक	आर्द्रा	राहु
5 जुलाई से 18 जुलाई तक	पुनर्वसु	गुरु
19 जुलाई से 1 अगस्त तक	पुष्य	शनि
2 अगस्त से 15 अगस्त तक	अश्लेषा	बुध
16 अगस्त से 29 अगस्त तक	मघा	केतु
30 अगस्त से 12 सितम्बर तक	पूर्वा-फाल्गुनी	शुक्र
13 सितम्बर से 25 सितम्बर तक	उत्तरा-फाल्गुनी	सूर्य

26 सितम्बर से 9 अक्तूबर तक	हस्त	चन्द्र
10 अक्तूबर से 22 अक्तूबर तक	चित्रा	मंगल
23 अक्तूबर से 5 नवम्बर तक	स्वाति	राहु
6 नवम्बर से 18 नवम्बर तक	विशाखा	गुरु
19 नवंम्बर से 1 दिसम्बर तक	अनुराधा	शनि
2 दिसम्बर से 14 दिसंबर तक	ज्येष्ठा	बुध
15 दिसंबर से 28 दिसंबर तक	मूल	केतु
29 दिसंबर से 10 जनवरी तक	पूर्वाषाढ़	शुक्र
11 जनवरी से 23 जनवरी तक	उत्तराषाढ़	सूर्य
24 जनवरी से 5 फरवरी तक	श्रवण	चन्द्र
6 फरवरी से 18 फरवरी तक	धनिष्ठा	मंगल
19 फरवरी से 3 मार्च तक	शतभिषा	राहु
4 मार्च से 17 मार्च तक	पूर्वा भाद्रपद	गुरु
18 मार्च से 30 मार्च तक	उत्तरा भाद्रपद	शनि
31 मार्च से 12 अप्रैल तक	रेवती	बुध

वार

जिस प्रथम होरा का जो स्वामी होता है उसी दिन उस ग्रह के नाम पर वार होता है। ज्योतिष के अनुसार शनि, गुरु, मंगल, सूर्य, शुक्र, बुध, चन्द्रमा, एक-दूसरे से नीचे माने गए हैं। एक दिन में 24 होरा होती हैं। एक घण्टे का नाम ही होरा है। सृष्टि के प्रारम्भ में सर्वप्रथम सूर्य देवता है अतः सूर्य प्रथम होरा स्वामी है, इसलिए पहला वार सूर्यवार, रविवार, आदित्य वार है।

1. होरा सूर्य
2. होरा शुक्र
3. होरा बुध
4. होरा चन्द्र
5. होरा शनि
6. होरा गुरु
7. होरा मंगल
8. होरा सूर्य
9. होरा शुक्र
10. होरा बुध
11. होरा चंद्र
12. होरा शनि
13. होरा गुरु
14. होरा मंगल
15. होरा सूर्य
16. होरा शुक्र
17. होरा बुध
18. होरा चन्द्र
19. होरा शनि
20. होरा गुरु
21. होरा मंगल
22. होरा सूर्य
23. होरा शुक्र
24. होरा बुध

इसके पश्चात् दूसरे दिन की प्रथम होरा का स्वामी चंद्रमा पड़ता है अतः दूसरा वार चन्द्रवार, सोमवार है, तीसरे दिन की प्रथम होरा का स्वामी मंगल, चौथे दिन की प्रथम होरा का स्वामी बुध, पांचवे दिन की प्रथम होरा का स्वामी गुरु या बृहस्पति, छठे दिन की प्रथम होरा का स्वामी शुक्र, सांतवें दिन की प्रथम होरा का स्वामी शनि है।

अतः इन्हीं के अनुसार रवि, सोम, मंगल, बुध, गुरु, शुक्र, शनिवार नाम रखे गये।

अब मैं प्रत्येक वार, उसकी संज्ञा, स्वभाव एवं उनके अनुसार फल-कथन दे रहा हूँ।

क्र. सं.	वार	संज्ञा	स्वभाव	फल
1.	रविवार	क्रूर	स्थिर	गायन फलार्थ शुभ
2.	सोमवार	सौम्य	चर	शुभ कार्यार्थ
3.	मंगलवार	क्रूर	उग्र	द्यूत क्रीड़ार्थ
4.	बुधवार	सौम्य	सम	व्यापार प्रारंभ के लिए शुभ।
5.	गुरुवार	सौम्य	लघु	विद्या प्रारंभ के लिए शुभ।
6.	शुक्रवार	सौम्य	मृदु	वाद-विवादार्थ शुभ
7.	शनिवार	तीक्ष्ण	क्रूर	शल्यक्रियार्थ श्रेष्ठ

नक्षत्र के चरणाक्षर

प्रत्येक नक्षत्र चार चरण का होता है। जिस नक्षत्र के जिस चरण में जातक का जन्म होता है, उसी के अनुसार जातक का नाम रखा जाता है। नीचे नक्षत्रों के चरणानुसार नामाक्षर स्पष्ट कर रहा हूं—

क्र. सं.	नक्षत्र	प्रथम चरण	द्वितीय चरण	तृतीय चरण	चतुर्थ चरण
1.	अश्विनी	चू	चे	चो	ला
2.	भरणी	ली	लू	ले	लो
3.	कृत्तिका	अ	इ	उ	ए
4.	रोहिणी	ओ	वा	वी	वू
5.	मृगशीर्ष	वे	वो	का	की
6.	आर्द्रा	कू	घ	ङ	छ
7.	पुनर्वसु	के	को	हा	ही
8.	पुष्य	ई	हे	हो	हा
9.	अश्लेषा	डी	डू	डे	डो
10.	मघा	मा	मी	मू	मे
11.	पू. फाल्गुनी	मो	टा	टी	टू

12.	उ. फाल्गुनी	टे	टो	पा	पी
13.	हस्त	पू	ष	ण	ठ
14.	चित्रा	पे	पो	रा	री
15.	स्वाति	रू	रे	रो	ता
16.	विशाखा	ती	तू	ते	तो
17.	अनुराधा	ना	नी	नू	ने
18.	ज्येष्ठा	नो	या	यी	यू
19.	मूल	ये	यो	भा	भी
20.	पूर्वाषाढ़	भू	भा	फा	ढ़
21.	उत्तराषाढ़	भे	भू	जा	जी
22.	श्रवण	खी	खू	खे	खो
23.	धनिष्ठा	गा	गी	गू	गे
24.	शतभिषा	गो	सा	सी	सू
25.	पूर्वा भाद्रपद	से	सो	दा	दी
26.	उ. भाद्रपद	दू	थ	झ	ण
27.	रेवती	दे	दो	चा	ची

इन्हीं नक्षत्रों के चरणाक्षरों को राशियों के अनुसार बांटा गया है जिससे जातक के नाम के प्रथम अक्षर से राशि-ज्ञान हो जाता है।

राशि ज्ञान

क्र. सं.	राशि	नामाक्षर
1.	मेष	चू, चे, चो, ला, ली, लू, ले, लो, आ।
2.	वृष	ई, ऊ, ए, ओ, वा, वी, वू, वो, वे।
3.	मिथुन	का, की, कू, घ, ङ, छ, के, को, हा।
4.	कर्क	ही, हू, हे, हो, डा, डी, डू, डे, डो।
5.	सिंह	मा, मी, मू, मे, मो, टा, टी, टू, टे।
6.	कन्या	टो, पा, पी, पू, ष, ण, ठ, पे, पो।
7.	तुला	रा, री, रू, रे, रो, ता, ती, तू, ते।
8.	वृश्चिक	तो, ना, नी, नू, ने, नो, या, यी, यू।
9.	धनु	ये, यो, भा, भी, भू, धा, फा, ढा, भे।
10.	मकर	भो, जा, जी, खी, खू, खे, खो, गा, गी।
11.	कुम्भ	गू, गे, गो, सा, सी, सू, सो, दा।
12.	मीन	दी, दू, थ, झ, ज, दे, दो, चा, ची।

ग्रहों का व्यक्तित्व, व्यवहार तथा प्रभाव

सूर्य—विशाल हृदय, मान-मर्यादा-प्रतिष्ठा का स्वामी, राजा, पिता, कारक, सूक्ष्म, केश, आंख-कान में पीड़ा करता है।

चन्द्रमा—स्त्री-बच्चों में विलास, खाना-पीना, दूध-दही, रुपये-पैसे, धातु का लेनदेन, जल-स्पर्श, माता कारक, निमोनिया, नजला-जुकाम-ज्वरादि रोग कारक है।

मंगल—हृदय में उत्तेजना, मार्ग में कलह, कोई दुर्घटना, रक्त-चाप, विकार, अर्श, अनल-भाप, गर्म वस्तु, धातु स्पर्श से जलन, सेनापति, शिक्षाधारी, धार्मिक होता है। भ्रातृ कारक है।

बुध—बुद्धि में भ्रम, विचार-स्थिति बदलना, छोटे बच्चों को प्रेम-स्पर्श, खाते-पीते देखना, लेखक, मामा तथा बच्चे का कारक है।

गुरु—मान-हानि, सूती कपड़ों का क्रय-विक्रय की बात करना, धोबी, दर्जी से वस्त्र लाना यो देना, हलुआ, मिष्टान्न भोजन मिलना होता है।

शुक्र—किसी स्त्री या कन्या से प्रेम की बातें करना, रुपया-पैसा धातु-जल-दूध-दही-रस का स्पर्श, जिक्र लेन-देन करना, शुक्र क्षीण, मूत्राशय विकार, गुदादि दर्द करता है। स्त्री कारक है।

शनि—मार्ग में ठहराना, जाते समय किसी कार्य की इच्छा रखना, मिलने में देरी करना, हैजा, चेचक, चर्म-रोग, सेवक कारक है। चांडाल स्वामी।

राहु—दास-वृत्ति अपनाता है। शिक्षा पाता है। मार्ग में रोकता है। पेट, पेडू, जोड़ुं, पुट्ठों में वायु विकार, दर्द करता है। जटाधारी है।

केतु—घातक है। वायु विकारी है। नौकरी में पेट पालता है। मार्ग में रोकता है या उलटा लौटाता, वस्तु लानी भुलाना या मार्ग भुलाता है। आज्ञा पालन पर विवश होता है। क्लेश देता है।

मेषादि द्वादश राशियों के नाम

मेष— अज, छाग, अवि, आघ, विश्व, वस्त, क्रिय, तुंबुर।
वृष— उक्ष, गो, ताबुरू, गोकुल, गाव, ताबुरि, वृषभ।
मिथुन— द्वन्द्व, युग्म, नृयुग्म, जृतुम, यम, युग, जितम, जित्म, वौणिक, तृतीय।

कर्क— कर्कट, कुलीर, कर्काटक।
सिंह— कष्ठीरव, मृगेन्द्र, केसरी, हरि, लेय, केसरी।
कन्या— पांथोन, कन्या, रमणी, तरुणी, अबला, स्त्री, प्रमदा, अंगना, श्रीबाला।
तुला— तौली, वणिक, जूक, घटा, घट, तुलाघर।
वृश्चिक— अलि, अष्टम, कौर्पि, कीट, सरीसृप, कौर्प्य।
धनु— धन्वी, चाप, शरासन, तोक्षिक, धनुष, धनु, कोदंड, चापधर, धनुर्धर, हय, कार्मुक।
मकर— मृग, मृगास्य, नक्र, चक्र, आकेकर, आकोकेर, मृग-वन्मुख।
कुम्भ— घट, तोयधर, हृद्रोग, कलश, जलधर, नीरधर, कुम्भ-धर।
मीन— मीनाली, मत्स्य, पृथुरोम, झष, रिष्फ, अन्तभ, शफरी, अंत्य, क्षेत्र, ऋक्ष, राशि, भवन, भू, स्थान।

किस भाव से किस सम्बन्ध में विचार किया जाए

1. सुख, आयु, जाति, स्वास्थ्य, आरोग्य, लक्षण, साहस, गुण, क्लेश, आकृति, रूप, वर्ण, यश, शारीरिक सुख-दुःख, जय व शरीर-संबंधी सब विचार।

2. परिवार, धन, मोती, सोना, चांदी, माणिक, रत्न, धातु, वस्त्र, मित्र का कार्यवाणी, दक्षिण नेत्र, क्रय-विक्रय, मार्ग-सम्बन्धी कार्य, कोष।

3. छोटी बहन, छोटा भाई, भृत्य, (नौकर) पड़ोसी, पराक्रम, पत्रिका, लेखन- कार्य, तार-चिट्ठी, धैर्य, शौर्य (उत्साह) दाहिना कान, सहायक, छोटे साले की स्त्री, लघु यात्रा।

4. बगीचा, खलिहान, खेती, औषधि, जमीन, घर, सवारी, माता, सुख-आसन, लालित्य, जल, शयन, धरोहर, गड़ा धन, सुरंग लगाना, गृह-प्रवेश।

5. गर्भ, सन्तान, मंत्र, मैत्री, विद्या, बुद्धि, विवेक, शक्ति, बड़ा साला या साली, भाभी, बड़ा बहनोई, विनय नीति, सब प्रकार की कलाएं, प्रबन्ध, शासन, कविता लिखना, पढ़ना, शिक्षा, गुरु।

6. रोग, भय, शत्रु, चौपाये (गधा, ऊंट, इत्यादि), क्रूर कर्म, मामा, ननसाल, युद्ध, ग्राम, लड़ाई, संग्राम, नौकरी, आतंक, भृत्य, ताप, शंका, विघ्न, व्याधि, शारीरिक चोट, शत्रु के अस्त्र से घायल होना, प्रतियोगिता, ऋण, बैंक का ओवर ड्राफ्ट इत्यादि।

7. विवाह, स्त्री या पति, प्रेम सम्बन्ध, खोई हुई वस्तु या चोरी का माल, वाणिज्य, व्यापार, व्यवहार, लेन-देन, मिलाप, दूसरों से विवाद, आना-जाना, यात्रा के रास्ते में रुकना, शयन, वधू-प्रवेश, रति-चिन्ता।

8. मृत्यु, ऋण, मार्ग-संकट, गृहछिद्र, स्त्री का धन, रोग, ऊंच-नीच, दुर्ग, कोट, आयु-विचार, जीवन-संकट, नदी पार जाना, रास्ते का संकट, नदी, जल, समुद्र में तैरना, शत्रु द्वारा घायल होना, कुत्ते, सर्पादि, विषैले पशुओं द्वारा काटे जाना, मृतक, युद्ध, कुश्ती, द्वन्द्व, झगड़ा करना, शाकिनी, डाकिनी, भूत-प्रेत की छाया, अपशकुन, नम्रता, दुष्टता, व्याधि, रण, चोरी गई या नष्ट वस्तु का विचार, नष्ट धन, ससुराल, अनिष्ट कार्य, गुप्त कार्य, मृत्यु का हेतु व स्थान, विपत्ति, अपवाद, दास, मठ, उपग्रह, विघ्न।

9. भाग्य, धर्म, कर्म-यज्ञ, तीर्थ-यात्रा, सौन्दर्य, गुरु, देवघर, बावड़ी, कंधा, नल, मन्दिर, दीक्षा, लम्बी यात्रा, धार्मिक स्थान, धर्म, दया, पुण्य, तप, पिता, प्याऊ, विदेश-यात्रा, पौत्र, पौत्री, धेवता-धेवती, दान, उपासना, गुरु, सुशीलता, साला, साली, बहनोई, शुभ संस्कार, शुभ कार्य, अनुज पत्नी।

10. व्यवसाय, राज्य, मुद्रा, विशेष पुण्य, स्थान या पद की प्राप्ति, तरक्की, प्रयोजन, बारिश, मान, नगर सभा, म्युनिसिपैलिटी, कॉरपोरेशन, असेम्बली, लेजिस्लेटिव कौंसिल, विधानसभा, लोकसभा, राज्यसभा आदि की सदस्यता का विचार, सास।

11. हाथी-घोड़े, सवारी, अन्न, वस्त्र, सुवर्ण, पांडित्य, तर्क, व्यापार, विद्या व धन मान, ज्येष्ठ भ्राता या भगिनी, मित्र, इच्छा लाभ, बायां कान, सास का धन, बड़ी सलहज या बड़ा साढ़ू, पतोहू, जामाता।

12. स्थानान्तर, त्याग, भोग, विवाद, दान, इष्ट कर्म, खेती आदि में व्यय, उधार देना। शुभ ग्रह, शुभ कर्म में खर्च कराते हैं और पाप ग्रह अशुभ कार्यों में जैसे किमारी, राजदण्ड, सट्टे में घाटा, चोरी या लूट-मार में धन लूटना, विकलता, पाप, बायां नेत्र।

विशेष वक्तव्य—जो ग्रह भाव 1, 2, 3, 6, 10, 11 के कारक (प्रतीक) होते हैं वह मनुष्य की इच्छा को पूर्ण करते हैं और जो ग्रहभाव 4, 5, 7, 8, 9, 12 के कारक (प्रतीक) होते हैं वह इच्छा को फलीभूत होने से रोकते हैं। क्योंकि 7 प्रतिद्वंद्वी का 1 (8) प्रतिद्वंद्वी का 2 (9) प्रतिद्वंद्वी का 3 (12) प्रतिद्वंद्वी का 6 (4) प्रतिद्वंद्वी का 10 और (5) प्रतिद्वंद्वी का 11 प्रतिद्वंद्वी को लाभदायक हैं, अपने को नहीं।

1 से अपना स्व, 2 से धन, 3 से शौर्य, 6 से प्रतिद्वंद्वी की हानि तथा अपना लाभ, 10 से कर्म और 11 से इच्छा-पूर्ति।

इस विधि में प्राचीन विचारों से कुछ थोड़ा अन्तर आ गया है, जैसे—5 व 9 त्रिकोण सदा लाभदायक माना गया है, 4 व 7 केन्द्र के स्वामी पाप ग्रह शुभ बताए गये हैं, और शुभ ग्रह अशुभ। इसी प्रकार प्राचीन मत से 3, 6, 11 को अशुभ स्थान माना गया है परन्तु भेद दृष्टि का आ जाता है। तपस्या के युग में शौर्य (3) के बदले तप (9) की प्रधानता थी परन्तु आज

नहीं है। प्राचीन काल में नौकरी को (6) हीन समझा जाता था और विद्या (5) की प्रधानता थी। आज के युग में इच्छा-पूर्ति (बैंक बैलेन्स) (11) की प्रधानता है, उस युग में इसकी ओर ध्यान नहीं दिया जाता था। इसलिए आजकल 1, 2, 3, 6, 10, 11 भाव शुभ समझे जाते हैं, और उस फल से जनता प्रसन्न होती है।

तात्कालिक ग्रह

तात्कालिक ग्रहों से अभिप्राय उन ग्रहों से है जिनका स्वामित्व किसी निर्दिष्ट समय पर हो। इसमें सर्वप्रथम महत्त्व उस समय के लग्न को दिया जाता है जो लगभग दो घंटे में बदल जाता है और जिसके अंश लगभग प्रति 4 मिनट बढ़ते रहते हैं।

1. लग्नेश, 2. चन्द्र नक्षत्र का स्वामी, 3. चन्द्र राशि का स्वामी, 4. वारेश, 5. लग्न नक्षत्रेश।

तात्कालिक ग्रहों की प्रधानता—जब किसी विषय के बहुत-से ग्रही कारक दिखाई देते हैं तो उनमें से 4 या 5 छांटने के लिए तात्कालिक ग्रहों को प्रधानता दी जाती है। दशा-भुक्ति में आवश्यकता पड़ती है। इतने स्वामियों की—1. महादशा, 2. भुक्ति, 3. अन्तर, 4. प्रत्यन्तर या सूक्ष्म की, और कभी-कभी किसी और की, जब इन पांचों में से 2 या 3 पर एक ही ग्रह का अधिकार हो जाता है। जैसे ता. 29-10-70 को सायं 9.20 पर।

लग्न वृष 27-14, राशीश शुक्र, नक्षत्रेश मंगल, भागेश—गुरु-शुक्र।

चन्द्र राशि तुला 4-53, राशीश-शुक्र, नक्षत्रेश मंगल, भागेश-शुक्र के वारेश गुरु।

इस प्रकार तात्कालिक 5 ग्रह निकालने पर भी 3 ही ग्रह रह गये—1. शुक्र, 2. मंगल, 3. गुरु। लग्न व चन्द्र का भागेश निकालने पर भी वही 3 ग्रह रहे। उपभागेश निकालने पर चौथा ग्रह केतु आता है।

राशियों की अन्य संज्ञाएं

मेष आदि राशियों की प्रश्नशास्त्रोपयोगी अन्यान्य संज्ञाएं इस प्रकार हैं—

राशियां	**संज्ञा**
मेष, वृष, मिथुन, सिंह, कन्या, एवं धनु	शुष्क राशि
कर्क, कुम्भ, मकर, मीन एवं तुला	सजल राशि
कर्क, मीन एवं मकर का उत्तरार्द्ध	जलचर राशि
मेष, सिंह, तुला एवं धनु	स्थलचर राशि
वृष, मिथुन, वृश्चिक एवं कुम्भ	जलाश्रयी राशि

कर्क, वृश्चिक और मीन	बहुप्रजा राशि
वृष, मिथुन और कुम्भ	मध्यप्रजा राशि
मेष, सिंह, कन्या, तुला, धनु और मकर	अल्पप्रजा राशि
वृष, सिंह, कन्या एवं तुला	आध्यात्मिक राशि
मिथुन, तुला एवं कुम्भ	शास्त्रीय राशि
धनु, मकर, कुम्भ एवं मीन	धार्मिक राशि
सिंह, कन्या, तुला एवं वृश्चिक	दीर्घ राशि
मिथुन, कर्क, धनु एवं मकर	सम राशि
मेष, वृष, कुम्भ एवं मीन	ह्रस्व राशि

राशियों से विचारणीय बातें

प्रश्न लग्न में मेष आदि राशियों के होने पर उनसे निम्नलिखित वस्तुओं का विचार किया जाता है—

मेष राशि से—ऊन, भेड़, बकरी, ऊनी वस्त्र, गेहूं, जौ, मसूर, दाल, औषधि एवं सोने का विचार किया जाता है।

वृष राशि से—कपास, सूती वस्त्र, चावल, पुरुष, वनस्पति, गेहूं, गाय, बैल, भैंस एवं अन्य पालतू पशुओं का विचार होता है।

मिथुन राशि से—जूट, सन, गन्ना, खरीफ की फसल से अनाज, लता, कमल, कन्द-मूल, गर्भ, गर्भिणी एवं सन्तान का विचार किया जाता है।

कर्क राशि से—नारियल, केला, संतरा, नींबू, मौसमी, गाजर, मूली, दालचीनी, मसाले, चाय एवं जलचर प्राणियों का विचार होता है।

सिंह राशि से—धान, कपड़ा, मांस, चर्बी, चीनी, दाल, छिलके वाले अनाज, गुड़, वृक्ष एवं जानवरों का विचार किया जाता है।

कन्या राशि से—मूंग, मूंगफली, अलसी, तिल, महुआ, राजमा, मटर, रेस्टोरेंट, बार, नाच-गान, वेश्यावृत्ति, हलका या अश्लील साहित्य तथा स्त्री आदि का विचार होता है।

तुला राशि से—उड़द, सरसो, घी, व्यापार, दलाली, क्रय-विक्रय, आढ़त, सौंदर्य-प्रसाधन, बिजली का सामान, धन-सम्पत्ति एवं आर्थिक विवादों का विचार होता है।

वृश्चिक राशि से—आम, अनन्नास, पके फल, ताजी सब्जी, ऊन, खाल के वस्त्र, विष, रसायन, लोहा एवं अन्य खनिजों का विचार किया जाता है।

धनु राशि से—अस्त्र-शस्त्र, शिकार, हिरन, घोड़ा, नमक, खनिज लवण, विटामिन, तेल, पेट्रोलियम पदार्थ, जलाने का कोयला, खान एवं विस्फोटक पदार्थों का विचार होता है।

मकर राशि से—ईख, बैल, इमारती लकड़ी, सोना, जलयात्रा, जल में

पैदा होनेवाली वस्तुएं, नौका, जहाज एवं जल-सेना आदि का विचार होता है।

कुम्भ राशि से—जल, नदी, सरोवर, कमल, जल के पक्षी, फल, उद्यान, पेय पदार्थ, शराब, आसव, अरिष्ट, रोगी एवं अन्य मादक द्रव्यों का विचार किया जाता है।

मीन राशि से—मछली, समुद्री रत्न, पेट्रोलियम, द्वीप, टापू, पक्षी, समुद्री दुर्घटना, मानसिक रोग, प्रेम, योनि-सम्बन्ध एवं देव-भक्ति का विचार होता है।

उच्च एवं मूल त्रिकोण राशियां

मेष के 10 अंश पर सूर्य का, वृष के 3 अंश पर चन्द्रमा का, मकर के 28 अंश पर मंगल का, कन्या के 15 अंश पर बुध का, कर्क के 5 अंश पर गुरु का, मीन के 27वें अंश पर शुक्र का और तुला के 20 अंश पर शनि का परमोच्च होता है। प्रत्येक ग्रह अपनी राशि से सातवीं राशि में गठित अंशों पर परम नीच होता है।

सूर्य राशि का स्वामी होता है किन्तु सिंह के 1 अंश से 20 अंश तक सूर्य का मूल त्रिकोण और आगे स्व-क्षेत्र होता है। चन्द्रमा वृष के 3 अंश तक उच्च में तथा आगे 4 अंश से 30 अंश तक मूल त्रिकोण में रहता है। मंगल का मेष के 18 अंश तक मूल त्रिकोण और आगे स्वक्षेत्र होता है। बुध का कन्या के 15 अंश तक उच्च, 16 से 20 अंश तक मूल त्रिकोण एवं 21 से 30 अंश तक स्वक्षेत्र होता है। गुरु का धनु के 1 से 15 अंश तक मूल त्रिकोण और 14 से 30 अंश तक स्वक्षेत्र होता है। शुक्र का तुला के 1 से 10 अंश तक मूल त्रिकोण और आगे स्वक्षेत्र होता है। शनि का कुम्भ के 1 अंश से 20 अंश तक मूल त्रिकोण और आगे स्वक्षेत्र होता है।

ग्रह एवं उनकी वस्तुएं

सूर्य आदि नौ ग्रह विभिन्न वस्तुओं के कारक प्रतिनिधि होते हैं। ग्रहों से वस्तुओं का विचार इस प्रकार किया जाता है—

सूर्य से—गेहूं, घी, गुड़, सोना, तेल, रस, माणिक्य, लाल पत्थर, ऊन एवं सुगन्धित वस्तुओं का विचार किया जाता है।

चन्द्रमा से—चावल, दूध, दही, मक्खन, क्रीम, पेय पदार्थ, अच्छी शराब, फलों के रस, चांदी, मोती, खनिज लवण, श्वेत रंग की चीजें, रुपया एवं खेरिज का विचार करना चाहिए।

मंगल से—धान, मसूर दाल, पके फल, भोजन, लाल वस्तुएं, लाल वस्त्र, रक्त, मूंगा, तांबा, जमीन, ईंट, एवं खेती का विचार किया जाता है।

बुध से—मूंग, मटर, ताजे फल, हरी सब्जी, हरा वस्त्र, रबड़, प्लास्टिक, कांसा, पन्ना, लता, औषधि, वनस्पति एवं पेड़-पौधों का विचार करते हैं।

गुरु से— चना, सरसों, दाल, गुड़, खजूर, तिलहन, वनस्पति घी, मेवा, जौ, मिठाई, सोना, पुखराज, पीला वस्त्र, चर्बी, पीतल एवं हल्दी एवं आसव-अरिष्टों का विचार किया जाता है।

शुक्र से— रस, रसायन, बाजीकरण, औषधि, सुगन्धित वस्तु, प्रसाधन भोगोपभोग की सामग्री, वैभव एवं विलास की वस्तुएं, मनोरंजन के साधन, श्वेत वस्त्र, कृत्रिम रेशम, चांदी, मोती, हीरा एवं फैन्सी तथा सजावट के सामान का विचार किया जाता है।

शनि से— उड़द, तिल, कुल्थी, लोहा, नमक, कोयला, पेट्रोलियम, पत्थर, काला वस्त्र, चमड़ा, नीलम, मांस, ताड़ी, देशी शराब एवं तेल का विचार करना चाहिए।

राहु से— लकड़ी, फर्नीचर, इमारती सामान, शय्या, वाहन, बच्चों के खिलौने, बिजली का सामान, आणविक ऊर्जा एवं अन्य विस्फोटक पदार्थों का विचार किया जाता है।

केतु से— घास-फूंस, औषधि, ऊन, वान, सन, जूट, बारदाना, डिब्बा, पैकिंग का सामान, बांस का कागज, अस्पताल एवं प्रयोगशाला के उपकरण तथा पालतू पशुओं का विचार किया जाता है।

प्रश्न-कुण्डली और फलाफल

सर्वप्रथम प्रश्नकर्ता के आपके पास आने का ठीक-ठीक समय, उसके हाव-भाव के साथ आप अपने मस्तिष्क में अंकित करके ठीक समय देने वाली घड़ी को देखकर अलग कागज पर समय नोट कर लें और उसका इष्ट निकालकर लग्न स्पष्ट कर लें और जन्म-चक्र के समान उस समय की कुंडली बना लें। अच्छा हो, यदि भयात भभोग निकालकर दशा, अन्तर्दशा, प्रत्यन्तर्दशा निकाल दें। आजकल निर्णय सागर जैसे कई एक पंचांगों में तो दिर भर के लग्न निकालते हुए मिलेंगे, आप मात्र ग्रह अंकित कर लें। निकटस्थ परिवर्तन होनेवाले ग्रह, चन्द्रमा, वक्री ग्रहों का अंकन सावधानी के साथ करें।

अब एक कागज पर वक्रीग्रह, उच्च के ग्रह, नीच के ग्रह, अस्त ग्रह, संधिगत ग्रहों, शत्रु, मित्र, समग्रहों का अंकन कर प्रश्न पर भली प्रकार विचार करें।

द्वादश राशि एवं नव ग्रहों का भली प्रकार अध्ययन और ज्ञान प्राप्त कर लेने पर किसी भी जातक को प्रश्न लगाने के लिए पूर्णतया तत्पर हो जाना चाहिए। सरस्वती मन्त्र का 32 लाख या बीज मन्त्र का सवा करोड़ जाप पूर्ण रूप से स्वच्छतापूर्वक कर लेने पर मनुष्य की वाणी में स्वतः ही सत्यता, प्रश्न में स्पष्टता तथा फलादेश में उचित प्रचुरता आ जाती है। फलस्वरूप यश और धन दोनों ही सुलभ, सुगम हो जाते हैं। परोपकार की भावना दृष्टि में रखकर पीड़ित, दुःखी, हताश, साधनहीन, आपत्तिग्रस्त की सहायता करनी ही चाहिए।

ज्योतिषी को चाहिए कि उपर्युक्त सरस्वती का जाप अनुष्ठान पूर्ण हो जाने पर उसी नियमितता से प्रातः ब्रह्म मुहूर्त में 11 सहस्र कीलक बीजमंत्र का सविधि जाप कर लेने के बाद ही दैनिक नित्य क्रिया का प्रारंभ करें तो अत्यन्त ही लाभ होगा। मनुष्य त्रिकालज्ञ होकर भूत, भविष्य, वर्तमान का प्रत्यक्ष ज्ञान प्राप्त कर लेता है। जिसके द्वारा उच्चारण किया हुआ प्रश्न फलादेश प्रत्यक्ष सिद्ध होगा।

प्रातः सूर्योदय काल में तथा सायं काल में राशियों पर कभी प्रश्न न लगायें। कारण, इन दोनों ही समय में संधिगत राशियां, प्रश्नकर्ता और ज्योतिषी दोनों ही के लिए घातक फलदायी होती हैं। सूर्योदय राशि ज्योतिषी को व सूर्यास्त राशि पृच्छक के लिए अशुभ फलप्रद होती है।

प्रत्येक व्यक्ति को अपने प्रश्न द्वारा तत्काल प्रश्न-कुण्डली के जिस भाव द्वारा प्रश्न का विचार करना है उसी भाव को लग्न समझकर प्रत्यक्ष रूप से

प्रश्न का विचार करना चाहिए। जैसे रोटी-रोजी-सम्बन्धी प्रश्न है तो दशम भाव को, विवाह प्रश्न है तो सप्तम भाव को, आयुष्य-प्रश्न है तो अष्टम भाव को लग्न मानकर प्रश्न पर विचार किया जाना चाहिए। परन्तु मूक प्रश्न में ज्योतिषी को सर्वप्रथम कुण्डली में सर्वाधिक बलवान ग्रह को ढूंढ़ना चाहिए। एकाधिक समान बलीग्रह होने पर उनके अंशों द्वारा सर्वाधिक बलीग्रह को ढूंढ़कर उसके स्थान को लग्न मानकर प्रश्न और उसके शुभाशुभ फल का वर्णन करना चाहिए।

जो ग्रह मित्रक्षेत्री, स्वराशिस्थ, उच्चराशिस्थ होकर स्वयं अपने मूल, त्रिकोण, नवांश में शुभ मित्र ग्रहों की दृष्टि हो, बली माने जाते हैं। जैसे—चन्द्रमा-शुक्र स्त्री सम राशियों में —

सूर्य—मंगल, गुरु, बुध, शनि पुरुष विषम राशियों में।
गुरु—शुक्र-सूर्य दिन में
बुध—सदैव
चंद्रमा—शनि, मंगल रात्रि में बली होते हैं।
कृष्ण पक्ष में पाप ग्रह और
शुक्ल पक्ष में शुभ ग्रह
अपने-अपने मास में सभी ग्रह बलवान होते हैं।
शुक्लादशमी से कृष्णा पंचमी तक चंद्रमा पूर्ण बली होता है।

प्रश्न-कुण्डली बन जाने पर लग्न को पृच्छक का निवास-स्थान, सप्तम भाव को स्वयं ज्योतिषी अपना स्थान समझें। पृच्छक के आने का मार्ग लग्न से सप्तम भाव तक व जाने का मार्ग सप्तम से द्वादश भाव तक समझें।

लग्न से 7वें भाव तक राशि या भूत काल के प्रश्न का ही विचार करें, सप्तम से बारहवें तक दिन या भविष्य का प्रश्न समझें। 1/7 भाव वर्तमान का विवेचन करनेवाले हैं। जिस भाव से जिस काल के प्रश्न का विचार किया हो उसी काल के फलादेश को निर्भीकता पूर्वक कहें।

प्रत्येक परिस्थिति व दशा में ज्योतिषी को एक समय में एक ही पृच्छक के समस्त प्रश्नों का उत्तर गंभीरता व विवेक से देना चाहिए। यदि किसी विवशता के कारण बहुत सारे प्रश्नकर्ताओं के प्रश्नों का उत्तर देना पड़े तो प्रथम पुरुष का प्रश्नोत्तर लग्न से, दूसरे का चन्द्रमा से, तीसरे का सूर्य से, चौथे का गुरु से, पांचवें का बुध-शुक्र से, जो बली हो उससे, छठे का निर्बली से, सातवें मनुष्य के प्रश्न का उत्तर 7/4/7/10/2 भाव में से जो स्थान रिक्त हो उसी को लग्न मानकर प्रश्नोत्तर देना चाहिए।

प्रश्न-कर्ता का विचार

ज्योतिषी प्रथमतः प्रश्न-कुण्डली बनाकर प्रश्न-कर्ता का पूर्ण रूप से

विचार करे कि पृष्टा कोई धूर्त तो नहीं है जो कि परोक्षार्थ केवल हंसी उड़ाने के लिए ही प्रश्न कर रहा हो। ज्योतिषी को चाहिए कि पृष्ठा के हाव-भाव, मुखाकृति, बोल-चाल, उठने-बैठने आदि के ढंग को बड़ी ही सावधानी के साथ कुशाग्र बुद्धि से हृदयस्थ करें। कुण्डली के ग्रहों से तुलना करें और तब तुलना करते हुए प्रश्नोत्तर देने को तत्पर हों। मैं यहां कुछ विशिष्ट बातें सुविधा की दृष्टि से दे रहा हूं। इन बातों का अति गोपनीय ढंग से ध्यान रखकर विचार करने पर कोई भी ज्योतिषी प्रश्न लगाने पर पृष्ठा से, उनकी चाल से मात नहीं खा सकेगा—

(क) लग्न में यदि चंद्रमा हों, केंद्र अर्थात् 1/4/7/10 भाव में शनि, बुध अस्त हो या चन्द्रमा पर मंगल की दृष्टि हो और बुध भी पूर्ण दृष्टि से देखता हो तो पृच्छक अवश्य ही कुटिल हृदय है एवं परीक्षा लेने के लिए आया है।

(ख) यदि लग्नस्थ चन्द्रमा हो, केन्द्र 1/4/7/10 में कहीं भी सूर्य, शनि व बुध एकत्र हों तो जातक निश्चय ही धूर्त व मलिन, कपटाचारी है।

(ग) लग्न या सातवें भाव में पाप या क्रूर ग्रह बलवान हो तो भी प्रश्न कर्ता कुटिल हृदय है।

(घ) लग्नेश या सप्तमेश, 1 या 7वें भाव पर, उन पर चन्द्र व गुरु की शत्रु- दृष्टि हो तो भी प्रश्नकर्ता अवश्य ही चालाक, धूर्त, कुटिल, मलिन पाखण्डी, उपहासकर्ता होगा और उपर्युक्त में मित्र-दृष्टि हो तो प्रश्नकर्ता सरल हृदय ही होगा।

(ड.) षष्ठेश मंगल लग्न में शनि के साथ हो या शनि से दृष्ट हो तो पृच्छक पुलिस केस के साथ बंधा है, ऐसा समझें। यह योग मिथुन लग्न व वृश्चिक लग्न में संभव है।

(च) बुध व गुरु दोनों ही सप्तमेश को शत्रु-दृष्टि से देखते हों तो प्रश्नकर्ता को धूर्त समझ लेना चाहिए।

(छ) यदि लग्न में शुभ ग्रह हो या लग्न पर शुभ ग्रहों की दृष्टि हो या सातवें भाव में शुभ ग्रह हों या सप्तम भाव पर शुभ ग्रहों की दृष्टि हो या चन्द्रमा बृहस्पति शुभ भावस्थ मित्र राशिस्थ बैठे हों या गुरु व बुध दोनों या एक सप्तम भाव या सप्तमेश, लग्न या लग्नेश को मित्र दृष्टि से देखते हों तो प्रश्नकर्ता सरल भाव से आया है, ऐसा समझना चाहिए।

जिस बात का निर्णय करना हो उसी भाव को लग्न की संज्ञा देकर अर्थत् लग्न मानकर प्रश्न का विचार करना चाहिए।

भूतकाल का प्रश्न द्वादश भाव से,

भविष्य का प्रश्न द्वितीय भाव से,

वर्तमान का प्रश्न लग्न भाव से विचार करना चाहिए। प्रश्न में—जो भी भाव अपने स्वामी से दृष्ट या युक्त हो वह अपने भाव की वृद्धि करता है।

शुभ ग्रह हो तो शुभ एवं पाप ग्रह होने पर पाप की वृद्धि करता है। स्वगृही, मित्र क्षेत्री और उच्च के ग्रह शुभ ग्रह-स्थानों पर शुभ फल की वृद्धि करते है; अशुभ स्थानों पर हानि करते हैं।

पाप ग्रह, क्रूर ग्रह उच्च, मित्र, स्वगृही होने पर पाप स्थानों पर शुभ व शुभ स्थानों पर अशुभ फल देते हैं।

(ज) प्रश्न काल में यदि चन्द्र, मंगल, बुध को दृष्टि से देखते हैं तो पृष्टा कुटिल हृदय है एवं परीक्षा लेने आया है।

—लग्न में बुध
—लाभ में गुरु
—पराक्रम में चन्द्र
—कर्म में सूर्य
—व्यय में शनि
—शुत्रभाव में मंगल
—शिक्षा में शुक्र हर्षित स्थान में होते हैं।

2 ।4 ।90 में चन्द्रमा
चतुर्थ में बुध
लग्न में सूर्य
सप्तम में मंगल
भाग्य में शनि हर्षदायक होते हैं।

1 ।5 ।6 ।7 ।11 स्थान में पुरुष ग्रह दिन के समय और 2 ।4 ।3 ।8 ।9 ।10 स्थान में रात में समय स्त्री ग्रह बलवान होते हैं।

लग्नेश सदैव माल का खरीददार तथा लाभेश माल बेचनेवाला होता है।

1. राजा, मंत्री, एम० एल० ए०, एम० पी०, मिनिस्टर, गुरु, अधिकारी, अपने से बड़े व्यक्ति के दर्शन या मुलाकात करते समय सूर्य बलवान होना चाहिए।
2. विवाह के समय बृहस्पति बलवान होना चाहिए।
3. युद्ध, लड़ाई, मुकद्दमेबाजी में, कुश्ती, आक्रमण, कोर्ट-कचहरी, मुकद्दमा करते समय मंगल बलवान होना चाहिए।
4. यात्रा के समय शुक्र बलवान होना चाहिए।
5. नौकरी के समय शनि बलवान होना चाहिए।
6. विद्यारंभ या शास्त्रार्थ के समय और
7. चन्द्रमा सभी कार्यों में बलवान होना उत्तम है।

(क) मेष, वृष, सिंह राशि में चन्द्रमा का रक्त वर्ण
(ख) मिथुन, कन्या, मीन में पीत वर्ण

(ग) तुला, वृश्चिक, कर्क में शुभ्र वर्ण
(घ) धनु में पीत वर्ण
(ङ) मकर, कुम्भ में लग्नगत चन्द्रमा का कृष्ण वर्ण होता है।
पुनः
रक्त चन्द्र से — झगड़ा
श्वेत चन्द्र से — धन-हानि
कृष्ण चन्द्र से — कलह, भय
पीत वर्ण चन्द्र से — धन-लाभ अवश्य होता है।

लग्न में सूर्यादि ग्रह से यथार्थ ज्ञान व पृच्छक चिंता

पहले गणित फिर प्रश्नोत्तर। जब तक लग्न ठीक और सही न होगा तब तक उसका उत्तर सही आ सके, यह अत्यन्त कठिन है। अतः प्रश्नकर्ता ज्योतिषियों को उचित है कि वे निम्नांकित नियमों द्वारा अपने प्रश्न लग्न की परीक्षा प्रश्न करनेवाले ज्योतिषी से पूछकर कर लें। यदि प्रश्नकर्ता के कथनांनुसार उनके प्रश्नों का उत्तर ठीक-ठीक मिल जाता है तो समझना चाहिए कि प्रश्न-लग्न सही है अन्यथा यह समझना चाहिए कि कहीं-न-कहीं कोई-न-कोई त्रुटि अवश्य ही रह गई है जिसे पुनः अवलोकन कर सही कर दें।

यदि प्रश्न करने के समय सूर्यचर राशि का होकर लग्नस्थ हो तो वह ज्योतिषी स्वयं के लिए भारी होता है और उसका ऐसा खाना खराब या स्थान भ्रष्ट करता है कि उसे 18 दिन संक्रान्ति तक अर्थात् एक माह तक अवश्य ही घर से बाहर रहना पड़ता है।

यदि किसी बलवान ग्रह पर वह शुभ ग्रह हो, ज्योतिषी के अनुकूल हो, तो संभवतः उपर्युक्त परिस्थिति में बाहर नहीं जाना पड़े। तथापि सूर्य का प्रभाव शून्यवत् तो नहीं हो सकता है और ज्योतिषी स्वयं को या कुटुम्ब में से किसी को उदर-विकार, पथरी, गांठ, पेशाब में जलन, रुक-रुककर पेशाब आना, शुगर, रक्त, रसौली, ज्वर या अन्य कोई दुर्घटना किए बिना नहीं रहता।

उक्त सूर्य यदि स्थिर या द्विस्वभाव राशि में हो तो यात्रा, गमन के अतिरिक्त उपर्युक्त सभी बातें स्वयं ज्योतिषी पर घटित होती हैं और पृच्छक स्वयं अपने घर में माता-पिता, ताऊ-ताई, अग्रज आदि किसी बड़े व्यक्ति, गुरु, उच्चाधिकारी आदि से किसी पाखण्ड, झूठी अफवाह, झूठी किंवदन्ती, अपवाद, आलोचना, असत्य भाषण, कूट नीति, प्रपंच आदि की मन्त्रणा करने लगता है।

द्वितीय भावस्थ सूर्य चाहे मेष से मीन किसी भी राशि का क्यों न हो, ज्योतिषी के घर जाते समय बीच राह में अवश्य ही किसी बड़े आदमी से साक्षात्कार या बात करवाता है। वह व्यक्ति अवस्था अर्थात् आयु, धन,

सम्मान, शरीर, शिक्षा, विचार आदि किसी भी बात में बड़ा हो सकता है। वह व्यक्ति अवश्य ही दर्शनीय, अल्पकेश, पित्त, प्रकृति, लाल वर्ण का होता है।

तृतीयस्थ सूर्य चाहे जिस किसी राशि का क्यों न हो, पृच्छक को निश्चय ही मानसिक रूप से विचारणीय वस्तुओं को देखने हेतु विवश करता है, बाध्य करता है। पुस्तकालय, अजायबघर, चिड़ियाघर, लोको, सुगरमिल, अनुसंधानशाला, खण्डहर आदि देखने के लिए और यदि सूर्य, मंगलयुक्त हो तो अवश्य जायेगा पर अकेले होने पर मात्र किसी से बात ही करेगा, साथ ही जिस व्यक्ति से मिलेगा उससे रोजगार में उन्नति, घर में खुशी, व्यक्तिगत सुख, प्रभावी कार्य, द्वन्द्व में, संघर्ष में विजय तथा विवाद, शास्त्रार्थ में मान पाने की इच्छा प्रकट करेगा।

यदि सूर्य चतुर्थ अथवा पंचम भावस्थ चर राशि में हो तो जातक किसी अवस्था में बड़े, यथा—माता-पिता, अग्रज, ताऊ, ताई, उच्चाधिकारी, विद्वान् पंडित आदि से मिलकर आता है। चतुर्थ भाव में गृहस्थ, बल-विवादादि बातं और स्थिर राशि में होने पर माता-पितादि से बात करता है। पंचम भाव में गुरुजनों से निजी उन्नति, विद्योन्नति, पद-वृद्धि, पुत्र या अन्य प्राणी-सम्बन्धी चर्चा करता है। चर राशिस्थ होने पर मार्ग, बस, रेल, साइकल पर उपर्युक्त चर्चा करता है।

प्रश्नकाल में सूर्य यदि रिपु भावस्थ हो तो जातक का प्रश्न रोग-सम्बन्धी होगा और पथ्य, डॉक्टर, वैद्य, हकीम, दवा आदि बदलने का विचार ही करता है। अन्य डॉक्टर को बदलने, अष्टधातु दान देने, अन्न-दान देने से रोगी स्वस्थ हो जाता है। ऐसे समय में जातक को मार्ग चलते बड़ी ही चिन्ता होती है। यदि अष्टमेश ऐसे समय शुभ ग्रह द्वादशस्थ हो तो रोगी की शीघ्र मृत्यु संभव है।

प्रश्न काल में सूर्य यदि सप्तम भाव में हो तो जातक किसी के आने का इन्तजार करता है या किसी को साथ लेकर ज्योतिषी के घर पर आता है। या घर से किसी के साथ चलकर मार्ग में उसे छोड़कर आता है। इस समय उसे स्त्री की चिन्ता है। उसके साथ कोई दुर्घटना, चोरी होना, चोट लगना, स्वयं या पत्नी का रोगी होना में से कोई-न-कोई बात एक माह में हो जाती है।

प्रश्न करने के समय यदि अष्टम भाव में सूर्य हो तो मनुष्य को स्थान-परिवर्तन, मान-मर्यादा, समुद्री या जल-यात्रा, नदी आदि पर जाने की ही चिन्ता होती है।

नवम् भावस्थ सूर्य हों तो मनुष्य को विदेश, शहर, स्थान से भाग्योदय, सुदीर्घ यात्रा, धर्म-कार्यादि में किसी के सहायता की चिन्ता होती है।

दशम सूर्य पद-वृद्धि, नौकरी में उन्नति, बड़ों से मिलने की चिन्ता करवाता है।

एकादश भाव का सूर्य राज्यकोष, पैतृक धन, गुरुदीक्षा आदि की शास्त्रीय चिन्ता करता है।

द्वादश भाव में गया सूर्य रोग, शुत्र-भय, मार्ग-श्रम, अपव्यय, यात्रा की चिन्ता कराता है पर स्वगृही सूर्य स्वयं अपने भाव को विशेष चिन्ता रोजगार के साथ कराता है।

द्वादश भावगत चंद्र व प्रश्नकर्ता की चिन्ता

प्रश्न-लग्न में चन्द्रमा यदि चर राशि में हो तो जातक धातु, सिक्के आदि का लेन-देन, सवारी, बस, टैक्सी, दूध, दही, चाय आदि का प्रश्न करता है।

यह चन्द्र यदि मंगल के साथ हो तो बच्चे आदि को खिलाते समय शरीर पर गर्म दूध, चाय आदि गिरा लेता है, जलन होती है। स्त्री, बच्चे आदि को खाता-पीता छोड़कर आता है।

स्वगृही चन्द्रमा जल-स्पर्श, खेत, कुआं, नदी, तालाबादि की बात करता है। जातक इस समय घर से चलते समय किसी स्त्री से बात करके आता है।

प्रश्न के समय द्वितीय भाव का चन्द्रमा जल-स्पर्श, स्वर्ण-चांदी आदि का आदान-प्रदान करता है। द्वार से निकलते ही किसी सुन्दर स्त्री को सादे श्वेत वस्त्रों में देखता है।

केतु के साथ होने से बाल खोले या विधवा के दर्शन करता है। दूध-दही, लस्सी, खीर, खोये की वस्तुओं के भोजन में रुकावट पैदा करता है। केतु रहित होने पर सभी वस्तुएं खाने को मिलती हैं। मनुष्य घर से धन-विवाद की चिन्ता लेकर चलता है।

प्रश्न के समय तृतीय भाव में चन्द्रमा काय, व्यवसाय हेतु उत्साहित करता है। मातृ-सुख, धन, जायदाद, पैतृक सम्पत्ति हेतु प्रयत्न कराता है किसान वर्षा की चिन्ता करता है।

चर राशिस्थ चन्द्र नदी, जलाशय, समुद्र-यात्रा की इच्छा उत्पन्न करता है।

कर्क का तृतीय भावस्थ चन्द्रमा अवश्यमेव सैर करने हेतु उपवन, वाटिका, जलाशय पर भेजता है।

मंगल के साथ होने पर रेल-यात्रा, स्टेशन, बस स्टैण्ड, फिल्म या जन-साधारण की सैर की इच्छा उत्पन्न करता है।

प्रश्नकाल में चन्द्रमा चतुर्थ भाव में हो तो कोई व्यक्ति पृच्छक के साथ घर से चलता है और वह मार्ग में कहीं ठहर जाता है। ऐसे प्राणी को स्त्री, माता या अन्य स्त्री की चिन्ता होती है।

यदि चतुर्थ चन्द्रमा लग्नस्थ गुरु, मंगल, सूर्य किसी एक से भी दृष्ट हो तो पर-स्त्री रत, गलत ढंग से वीर्य नाश करनेवाला होता है। अविवाहित

व्यक्ति यदि परस्त्री-संसर्ग से नहीं तो स्वप्नदोष द्वारा तो निश्चय ही वीर्य त्याग करता है।

पंचम भाव में चन्द्रमा हो तो पृच्छक की चिन्ता सन्तान-सम्बन्धी है। विशेष कि कन्याएं पहले से ही हों। वह घर से चलते समय विद्या, पुस्तक, समाचारपत्र, शास्त्रादि पढ़ने, पत्र लिखने का कार्य करके या बात करके आता है।

पंचमेश यदि चन्द्रमा लग्न में सू० म० गु० किसी से भी दृष्ट हो तो चतुर्थ भाव के समान फल करता है।

प्रश्न-कुण्डली में चन्द्रमा यदि षष्ठ भाव में हो तो जातक रोगी की या रोग की चिन्ता लेकर आया है, ऐसा समझें। वह नजला, जुकाम, जलोदर, शीत, ज्वर, निमोनिया, सन्निपात का द्योतक है।

प्रश्नकाल में चन्द्रमा यदि साप्तम भाव में है तो स्त्री या प्रेयसी-सम्बन्धी प्रश्न है। स्वस्त्री को रोग, सिर-पीड़ा, देह-पीड़ा, जुकाम, उदर-विकार दर्शाता है। पर स्त्री-प्रेम का आतुर है।

यदि सप्तमेश चन्द्र भाग्य भाव अर्थात् नवम् भाव में हो तो वह जातक अपने मित्र या निकट सम्बन्धी की स्त्री पर आसक्त होता है या किसी भी सुन्दर, आकर्षक स्त्री से बात करके आता है।

अष्टम में चन्द्रमा मनुष्य को पुराना रोग, प्रचलित रोजगार, भोजन की समस्या, मृत्यु-भय तथा ऋण-मुक्त होने की चिन्ता का कारक है। जीवन में दुःख, पीड़ा व परेशानियां उठानी पड़ती हैं।

प्रश्न के समय नवम् भाव में यदि चन्द्रमा हो तो मनुष्य को भाग्योदय, तीर्थाटन, जल-यात्रा, समुद्र-यात्रा, धार्मिक कार्य में धातु-व्यय की चिन्ता रहती है।

जब चन्द्रमा भाग्येश होकर द्वादश में बैठा हो तो शीघ्र ही जल-यात्रा कराता है।

चन्द्रमा यदि दशम भाव में हो तो नौकरी में उन्नति, व्यवसाय में लाभ, माता-पिता से सन्तुष्टि व धन-प्राप्ति, वृष्टि, खेत, खलिहान, वायु-यात्रा, आंधी, तूफान, रसीले फल, वाटिका, बाग-बगीचे की चिन्ता होती है।

जब चन्द्रमा एकादश भाव में हो तो मनुष्य को श्वेत वस्त्र, श्वेत धातु से लाभ की चिन्ता होती है। छोटे भाई से सुख की आशा होती है या तन्त्र-मन्त्र, गुरु-दीक्षा तथा सन्तानोत्पति या किसी देवालय की चिन्ता होती है।

चन्द्रमा यदि प्रश्नकाल में द्वादश भाव में हो तो जातक को किसी खोई वस्तु के पुनः प्राप्ति की चिन्ता होती है। रोग, धन, व्यय, ऋण-मुक्ति, समुद्री यात्रा की चिन्ता होती है।

यदि चन्द्रमा स्वगृही हो अर्थात् सिंह लग्न में द्वादश चन्द्र हो तो धार्मिक कार्य में धन खर्च होता है।

द्वादश भावगत मंगल और प्रश्नकर्ता की चिन्ता

प्रश्न के समय यदि लग्नस्थ मंगल हो तो पृच्छल ज्योतिषी के पास अग्नि के पास से कोई गर्मागर्म वस्तु खाकर आया है। गर्म वस्तु के स्पर्श से उसके शरीर में जलन या तपन पहुंचती है।

यह मंगल चन्द्र युक्त रहने पर दूध से जलन होती है और वह किसी हृष्ट-पुष्ट, लम्बे-चौड़े स्त्री-पुरुष से बात करके आता है। किसी कलह, वादापवाद के भय की चिन्ता होती है। रक्त-विकार, रक्तचाप, अर्स, स्त्री वियोग या किसी रोग की चिन्ता लेकर आता है।

मंगल लग्न में अथवा लग्न पर दृष्टि हो तो पृष्टा अवश्यमेव किसी व्यक्ति के साथ ज्योतिषी के यहां आता है। संभव है कि व्यक्ति मार्ग में रुक जाय और प्रश्नकर्ता अकेला ही पहुंचे।

लग्न या चतुर्थ स्थान का मंगल स्त्री-वियोग, स्त्री-मृत्यु, स्त्री का भाग जाना तथा प्रश्न मास में अन्यत्र चले जाना जैसी घटना कराता है। या पिता की नौकरी तथा व्यवसाय को खतरा उत्पन्न करता है।

द्वितीय भाव का मंगल घर के द्वार या कुछ ही दूर पर किसी हृदय-पुष्ट मानव से भेंट तथा वार्तालाप कराता है। खाने को गर्म वस्तुएं देता है। बेसन, चने की वस्तुएं, गर्म चाय देता है। खोई या गई वस्तु या नष्ट धन की प्राप्ति में सहायक होता है।

तृतीयस्थ मंगल सार्वजनिक स्थान, स्टेशन, सभा, व्याख्यान, सिनेमा, बस स्टैण्ड, सैरगाह, मन्दिर, मस्जिद, चर्च जाने का विचार कराता है।

चर राशिस्थ मंगल उक्त स्थानों पर अवश्य ले जाता है, चन्द्रयुक्त होने पर शीघ्र रेल-यात्रा कराता है, रोगी रखता है, कीर्ति युक्त पराक्रम से धन दिलाता है, भाई या मित्र-रोग से चिन्ता उत्पन्न करता है। नीच या शत्रु राशि का मंगल कष्ट देता है और रोगी की मृत्यु होती है।

चतुर्थ भाव का मंगल नाना व्यञ्जन खिलाता है। विशेष रूप से चने या बेसन की वस्तुएं, मार्ग में या घर पर झगड़ा कराता है। शत्रु, राज्य, आग से भय रहता है। पशु, भूमि, अन्न क्रय-विक्रय की चिन्ता रहती है।

यदि लग्न में राहु, चतुर्थ मंगल, सप्तम शुक्र हो तो पृष्टा किसी स्त्री से प्रेम या विषय करके आता है। अविवाहित हो, स्वप्नदोष होता है। वह दिन में रति इच्छा से विकल रहता है।

पंचम में मंगल पुत्र या किसी के क्रोध की चिन्ता कराता है। पराक्रम पूर्ण वीरों की जीवनियां पढ़वाता है। कुश्ती, शिकार, युद्ध, दंगल, शस्त्र

आदि गुरु-मंत्र की दीक्षा पाने की बात कराता है।

छठे भाव में मंगल अग्नि, तप्त लौह, सुवर्ण, मूंगा, रुपया आदि के व्यापार की चिन्ता देता है। कलह, विवाद, झगड़ा, मुकद्दमा आदि में शत्रु पर विजय दिलाता है।

प्रश्न के समय यदि सातवें स्थान में मंगल हो तो मनुष्य को धन, नौकर, पशु आदि की चिन्ता रहती है। स्वयं या पत्नी रोगग्रस्त होती है। नेत्र-पीड़ा, अर्श, रक्तचाप, रक्त विकार से पीड़ा होती है। पिता को, माता को सन्तान से अलग करता है।

अष्टम स्थान में भौम रहने पर जातक मन्दिर, तबेला, अस्तवल, अर्श, रक्त-विकार, रक्त-चाप, भ्रातृ रोग, मृत्यु आदि धातु-विकार की चिन्ता रहती है।

नवमस्थ मंगल होने पर मनुष्य को व्यापार, भाग्य, रेल-यात्रा, तन्त्र-मन्त्र, तीर्थाटन, गुरु, अजप-जाप, आसन, योग, ध्यान, मकान, खेत-खलिहान आदि की चिन्ता होती है।

प्रश्न के समय दसवें भाव में मंगल राज्य, नौकरी, सेना, पुलिस विभाग शत्रु को परास्त करने, मुकद्दमे में प्रतिवादी, प्रतिद्वन्द्वी को हराने, आग से भय, लाल वस्तु से लाभ की चिन्ता होती है। प्रशंसनीय व उत्साही कार्य से लाभ होता है।

लाभस्थ मंगल होने पर छोटे भाई के रोग, व्यापार, निजी व्यवसाय द्वारा लाभ, उत्साहपूर्ण विश्वास से शत्रु को परास्त करने, मुकद्दमे में विजयी होने की चिन्ता होती है। मिष्टान्न प्राप्त होता है।

प्रश्न-कुण्डली में मंगल यदि द्वादश भाव में हो तो राजा को युद्ध-व्यय की, विप्र को तीर्थाटन या धार्मिक कार्य की, वैश्य को विवाह-व्यय की, क्षत्रिय को दंगल, मुकद्दमे, लड़ाई आदि की, शूद्र को रोग की चिन्ता होती है।

द्वादश भावगत बुध तथा प्रश्नकर्ता की चिन्ता

प्रश्न के समय यदि बुध लग्न में हो तो पृष्टा के ज्ञान-विज्ञान सीखने, शास्त्र- ज्ञान प्राप्त करने, सुन्दर स्त्री प्राप्त करने, चित्रकारी, संगीत सीखने की चिन्ता होती है। वह अपने ही घर में किसी छोटे बच्चे को खाता-पीता खेलता छोड़कर ज्योतिषी के घर, पर उस बच्चे को प्यार, स्पर्श तथा गोद में दूध या कोई वस्तु खिला-पिलाकर आता है।

बुध द्वितीय भाव में होने पर प्रश्नकर्ता अपने घर से फल, संतरा, केला आदि हरी सब्जियां, मटर, परवल, सेम, गोभी, मूंग की दाल आदि खाकर ज्योतिषी के घर आता है और घर के द्वार पर थोड़ा चलकर किसी बच्चे के विनोद या सौंदर्य से आकर्षित होकर कुछ ठहर कर आगे बढ़ता है। ऐसा

व्यक्ति पुत्र, वस्त्र, धनादि से चिन्तित आता है।

प्रश्न के समय तीसरे भाव में बुध रहने पर जातक किसी अध्यापक, गायक आदि से मिलने की इच्छा हृदय में रखता है।

उक्त बुध यदि मंगल के साथ चर राशि में हो तो पृष्टा को विद्यालय, कॉलेज, वाचनालय, पुस्तकालय, न्यूज एजेन्सी, जिल्दसाज, पुस्तक विक्रेता की दूकान पर क्रय-विक्रय के लिए जाना पड़ता है। घर में उत्सव, शत्रु-चाल से बचाना, ऋणयुक्त होना, यश-कीर्ति का लाभ होता है। भाई के लिए, या भाई से धन की सहायता पाता है। ऐसा व्यक्ति भाई-बहन की उन्नति की चिन्ता लेकर आता है।

चौथे भाव में बुध होने पर अपनी परिस्थिति बदलने के लिए उन्नति के साधनों की चिन्ता लेकर आता है। नया मकान, नया फर्नीचर, नयी नौकरी, नया व्यापार, नया व्यवसाय बदलने की सोचता है। रसीले फल-पदार्थ, हरी सब्जियां व चटपटे-मसालेदार चने, भोजनादि खाने की सोचता है। खेती, बाग, उपवन, रेशमादि के कार्य-व्यापार की चिन्ता लेकर आता है।

प्रश्न के समय बुध पंचम भावस्थ होने पर सन्तान, विद्या, दीक्षा, कार्य-व्यवहार में उन्नति की चिन्ता होती है। 5वां बुध अध्यापन कार्य को पसन्द करता है पर बुद्धि भ्रमित करता है। आगे बढ़ने के इरादे को रोकता है। पढ़ने में अड़चनें आने पर भी अच्छा सलाहकार एवं त्वरित बुद्धि होता है।

छठे भाव में बुध होने पर मनुष्य पशु-पक्षी तथा किसी गुप्त प्रेयसी की चिन्ता लेकर आता है। ऐसे मनुष्यों का बच्चों के कारण पड़ोसी या किसी मार्ग चलते से झगड़ा होता है या बच्चों से लड़ता है।

प्रश्न के समय सप्तम भाव में निर्दोष बुध रहे तो पृष्ठा को अपने पशु-पक्षी, तोता, मैना, मोर आदि या स्त्री, प्रेयसी, छोटी लड़की या लड़का व अपने सौंदर्य या स्वास्थ्य की चिन्ता होती है। ऐसा मनुष्य बड़ा विनोदी व मिलनसार होता है। ताश, शतरंज, कैरम, क्रिकेट, फुटबॉल, हॉकी, टेनिस, पिंगपांग आदि खेलने, सरकस देखने का शौकीन होता है।

सप्तम बुध शनि से दृष्ट या शनि राशिस्थ हो तो उसकी स्त्री अद्वितीय सुन्दरी होती है।

बुध यदि आठवें भाव में विराजमान हो तो प्रश्नकर्ता को राजाज्ञा, धन, कुटुम्ब, चोरी गई वस्तु, रोग, किसी के बीमार होने या किसी अनिष्ट की चिन्ता अथवा आशंका रहती है।

प्रश्न के समय यदि बुध अष्टम में चर राशिस्थ हो तो यात्रा, स्थान-परिवर्तन या डॉक्टर, वैद्य, हकीम आदि के बदलने पर रोगी ठीक हो जाता है।

नवम बुध होने पर पृष्टा को पालतू पक्षी, शुभ तीर्थ-यात्रा, शुभ संस्कार, प्रीतिभोज, भाई-बहन तथा पराक्रमपूर्ण कार्य के लिए पारितोषिक प्राप्त करने की चिन्ता होती है।

दशम भाव में बुध हो तो आजीविका, नौकरी, राजसुख, खेती, बाग-बगीचा, वर्षा, शास्त्र, धार्मिक कार्य कराने, माता-पिता- मामा-ननिहाल के सुख की चिन्ता होती है।

ग्यारहवें भाव में बुध होने पर पृष्टा को विद्या, पुत्र, धार्मिक पुस्तकें शास्त्रादि पढ़ने, अपने कार्य, व्यवहार, व्यापार, व्यवसाय की संदेहपूर्ण चिन्ता होती है। छोटे बच्चे, बहन-भाइयों की चिन्ता होती है।

द्वादशस्थ बुध हो तो मनुष्य को प्रपंच, पाखंड, विद्रोह, ऋण-मुक्ति, मामा से धन प्राप्त करने, यात्रा, भोज, विवाह, यज्ञोपवीत, मृतक कर्म, चूड़ाकर्मादि, वर्षगांठ, गंगास्नान को लेकर व्यय करने की चिन्ता होती है।

द्वादश भावगत बृहस्पति एवं पृच्छक-चिंता

प्रश्न लग्न में जब गुरु, स्वराशिस्थ हो तो प्रश्नकर्ता को अपनी नौकरी मित्र से सद्व्यवहार तथा धन-प्राप्ति की चिन्ता होती है अथवा शासकीय कार्य की चिन्ता होती है। निजी व्याकुलता के नाश और सुख-समृद्धि की चिन्ता होती है। वह अहंभाव से पूर्ण होकर ज्योतिषी की परीक्षार्थ किसी बात के पूर्णापूर्ण होने के लिए शर्त लगाने को उद्यत होता है। शर्त हारने से मान-हानि या उपहास का पात्र बनता है और घर से माता-पिता-चाचा-ताऊ-बड़े-गुरुजन-अधिकारी से बात करके आता है।

दूसरे भाव में गुरु होने पर पृष्टा को धन, क्षेम, सुख, अर्थ, पदवृद्धि, यश, उच्च नौकरी, व्यवसाय की चिन्ता होती है। वह बीच मार्ग में किसी विद्वान, पंडित, पुस्तक-विक्रेता, जिल्दसाज, ज्योतिषी, वाचनालय अधिकारी, वकीलादि से मिलकर आता है। स्निग्ध भोजन, हलवा, पूरी, डबलरोटी, मक्खन, खोए की वस्तु लड्डू खाकर या खाने के इरादे से आता है।

तीसरे भाव में बृहस्पति होने पर भाई या बहन के व्यवहार, उन्नति, स्वास्थ्य आदि की चिन्ता होती है। वह पराक्रमपूर्ण कार्य करने के लिए कमर कसे तैयार रहता है। उत्साहपूर्ण कार्यों में पूर्ण सफल होता है।

चर राशि का गुरु पृष्टा को देवालय, विद्यालय, मन्दिर, पुस्तकालय, पाठशाला, कॉलेज, कथा-प्रांगण, व्याख्यान, प्रतियोगिता स्थान, योग-आश्रम, दार्शनिक स्थान पर जाने का विचार कराता है।

मंगल युक्त होने पर उक्त स्थानों में से किसी एक स्थान पर जाना अवश्य होता है।

प्रश्न के समय गुरु यदि चतुर्थ भाव में हो तो बड़े भाई के विवाह की

जमीन- जायदाद, नये कपड़े बनवाने या खरीदने की चिन्ता होती है। पहले दिन यदि कपड़ा नहीं खरीदा है तो उस दिन खरीदकर सिलने देने, कपड़े धोने, धोबी को देने, इस्त्री करने का विचार करता है या देता है। पीले वस्त्र का व्यवहार करता है। जातक किसी कार्य को जाते-जाते मार्ग में ही ज्योतिषी के यहां आया है, ऐसा समझें। हलुआ, पूरी, खीर, खोया आदि मिष्टान्न खाकर आता है या खाने का विचार रखता है। फल-शर्बत, रसीले पदार्थ सेवन करता है।

प्रश्न के समय गुरु यदि पंचम भाव में बैठा हो तो पुत्र की या पुत्र-विवाह की, आगे पढ़ाने की, धर्म-कर्म-उत्सव-तीर्थाटन की चिन्ता होती है। विद्या में उन्नति कराता है। पुस्तक पढ़ने, धर्म-चर्चा, व्याख्यान-श्रवण, मनन, उपदेश करने में व्यस्त रहता है। किसी विद्वान्, पंडित, ज्योतिषी से मिलकर शंका समाधान का विचार लेकर आता है।

छठे गुरु-जातक को पशु की चिन्ता कराता है। गाय, भैंस, घोड़ी के गर्भ की या गुम हुए पशु के मिलने की चिन्ता होती है। ब्राह्मण से शत्रुता भी बर्तता है। पंडित या ज्योतिषी पक्ष निर्बल रहता है। पृष्टा प्रतिशोध की भावना रखता है। ज्योतिषी सावधान रहे कि बात बढ़कर कहीं झगड़ा न हो जाये।

प्रश्नकाल में सातवें गुरु मनुष्य को उदित धन प्राप्ति की, नौकरी, व्यापार की चिन्ता होती है। उदर विकार होता है। निजी पराक्रम से यश, मान पाने, उन्नति का साधन प्राप्त करने के लिए ज्योतिषी के घर पर आता है।

अष्टम भाव में गुरु होने पर किसी कृपण से धन-प्राप्ति या किसी रोगी के मृत्यु की शंका से चिन्ता होती है। जातक ऋण से उऋण होना चाहता है। खेती, भवन, जायदाद, वाटिकादि की भूमि क्रय करना चाहता है।

प्रश्न के समय गुरु यदि नवम् भाव में हो तो जातक को देश-विदेश से धन कमाने, अतिथि-सेवा, विद्या-प्रभाव से यश, कीर्ति, धन-लाभ करने और स्व-स्वास्थ्य की चिन्ता रहती है। तीर्थ-यात्रादि उत्सव, धर्म-कार्य में पूर्ण सफलता प्राप्त होती है। उस दिन साधु-दर्शन होता है।

दशम गुरु होने पर प्रश्नकर्ता को नौकरी में उन्नति या नौकरी प्राप्ति, मित्र-मिलन, कुटुम्ब-सुख, शत्रु-भय की चिन्ता रहती है। पितादि गुरुजनों की सहायता से सभी पूर्ण होते हैं।

एकादश गुरु भ्रातृ-सुख, सिद्धि चिन्ता, धन-लाभ, व्यवसाय में उन्नति, स्त्री-सुख, स्व-उन्नति की चिन्ता रहती है।

व्यय का गुरु होने पर ऋण-मुक्ति, भूमि क्रय-विक्रय, ससुराल से लाभ, तीर्थयात्रा, उत्सव, मांगलिक कार्य, प्रीति-भोज में खर्च होता है।

द्वादश भावगत शुक्र और पृच्छक-चिन्ता

प्रश्न के समय यदि शुक्र स्वगृही अथवा मित्र राशि की लग्न में हो तो प्रश्नकर्ता अपनी स्त्री या मित्र की स्त्री, भाभी किसी के साथ विनोदमय प्रेम की बातें करके या रेडियो, ग्रामोफोन, ट्रांजिस्टर, बैंड, शंखादि श्रवण करके ज्योतिषी के पास आया है।

उक्त भाव में शुक्र उच्च का हो तो जातक प्रेम-विवाह की सोचता है या अपनी प्रेयसी के साथ सिनेमा, थियेटर, चित्रशाला, सुन्दर मन्दिर या दर्शनीय स्थान पर जाने की सोचता है।

उक्त शुक्र नीच या शत्रु राशि का होने पर वेश्या, हिजड़े या किसी नीच जाति से गाना सुनकर आता है। ऐसा व्यक्ति बड़ा बनकर सम्पूर्ण सुख भोगने की इच्छा रखता है। जल-स्पर्श, खरीज कोयन्स लेन-देन कर के आता है। दही, दूध, मावा, लाना-खाना या स्पर्श करना पड़ता है।

शुक्र द्वितीय भाव में होने पर मनुष्य को कुटुम्ब-सुख, धन-संचय या नये वस्त्र खरीदने की चिन्ता होती है। घर में चांदी, मोती आदि गहनों की बात करता है। मार्ग में सुन्दर स्त्री के सौंदर्य से मोहित होकर उसके पीछे चल देता है या उसी के बारे में सोचता है।

उक्त शुक्र पर शुभ ग्रह की दृष्टि होने पर राह में शादी का सजा हुआ घोड़ा, मोटर, मंगल गीत, बाजा, स्त्रीगान श्रवण कर ज्योतिषी के यहां पहुंचता है।

प्रश्नकाल में तृतीय भाव में शुक्र हो एवं चर राशि का हो तो पृच्छक सिनेमा, थियेटर, रामलीला, नटकृत्य, नौटकी, स्वांग, सर्कस या नाच-गान की जगह जाने का विचार करता है।

उक्त भाव में मंगल संग होने पर गत दिवस पृष्टा उक्त स्थानों पर गया है तो ठीक अन्यथा आज तो जायेगा ही। प्रश्नकर्ता अविश्वासी होता है। उसे स्त्री-गर्भ की तथा भाई-बहन के विवाह की चिन्ता होती है। जातक गाने-बजाने का शौकीन होता है।

चतुर्थ शुक्र हो तो मनुष्य को विवाह, जमीन, जायदाद, भवन, फर्नीचर, रेशमी व सुन्दर वस्त्रों के क्रय-विक्रय से निजी सुख की चिन्ता होती है। जल-स्पर्श, दूध, दही, पकवान, खोए के पदार्थ, गन्ने, सन्तरे, अनन्नास आदि फल तथा रसीले भोजन खाने को मिलते हैं। धोबी, दर्जी या बजाज से लेनदेन करता है।

पंचम भाव में शुक्र रहने पर मनुष्य को सन्तान, भाई, मित्रादि के उत्कर्ष की चिन्ता रहती है। यह शुक्र कुशाग्र बुद्धि को दर्शाता है। वह कविता-पाठ, कवि-सम्मेलन, मुशायरा, संपादक, विद्वान, पंडित, पुस्तक विशेष के प्रति प्रेम व श्रद्धा रखता है। कविता, संगीत सुनना प्रिय होता है।

छठे शुक्र रहने पर परस्त्री संग, स्नेह, सुख पाने की इच्छा होती है। वह वैश्य या व्यापारी वर्ग से शत्रुता रखता है। मामा काना या आंख में दर्द रहता है। अपव्यय करता है। किसी स्त्री से कलह कराता है। गर्भवती स्त्री के सन्तान को जानने की चिन्ता होती है।

सप्तम भाव में शुक्र प्रश्न के समय हो तो जातक को प्रेम-विवाह की लालसा होती है। परस्त्री-रति की चिन्ता रहती है। गुर्दे, पेडू में दर्द, मूत्रादि में रुकावट, प्रमेह, धातु क्षीण, शीघ्र पतन रोग, अविवाहित को स्वप्नदोष, सुजाक रोग, विवाहित स्त्री के पेट में दर्द, वायु-विकार, नजला, जुकाम, वायुगोला से पीड़ा होती है।

उपर्युक्त भाव में चर राशिगत शुक्र परस्त्री-हरण व गमन का दोष लगाता है।

अष्टम भाव में शुक्र विदेश-गमन, परस्त्री-संग जाने की इच्छा होती है। किसी को बीमारी या चोरी के धन मिलने की चिन्ता होती है। कुटुम्ब से सुख मिलता है।

प्रश्न के समय नवम भाव में शुक्र होता है तो मनुष्य निजी भाग्योदय, धन-लाभ, भ्रातृ-सुख, तीर्थाटन या समुद्री यात्रा की चिन्ता होती है।

उक्त शुक्र जल राशि का बलवान होकर नवमेश 11वें हो तो जलयात्रा कराता है। शुक्र मांगलिक कार्यों के करने में सहायक रहता है।

यदि सप्तमेश शुक्र भाग्यस्थ या भाग्येश शुक्र सप्तम में हो तो अविवाहित का विवाह शीघ्र करवा देता है।

प्रश्न के समय शुक्र दशम भाव में हो तो जातक किसी पढ़ी-लिखी सरकारी नौकर लड़की से विवाह करने की चिन्ता करता है। दंपति परस्पर सहायता से सुन्दर, सुसज्जित भवन का निर्माण कर सुखमय जीवन व्यतीत करने की सोचते हैं।

उक्त स्वगृही या उच्च का शुक्र उक्त इच्छा-पूर्ति में सहायक होता है। बाग, कृषि के लिए वर्षा की आवश्यकता रखता है।

प्रश्न के समय शुक्र ग्यारहवें स्थान में हो तो मनुष्य को सन्तान या पुत्र को पढ़ाने की चिन्ता होती है। गर्भवती स्त्री को कन्या सन्तान होती है। छोटी बहिन को कष्ट होता है।

प्रश्न के समय शुक्र स्वगृही या उच्च का द्वादश भाव में हो तो समुद्री-यात्रा का संयोग मिलता है। शुभ कार्य या तीर्थाटन हेतु ऋण प्राप्त होता है। मामा की आंख में पीड़ा होती है या काना बनाता है। शत्रु बढ़ाता है।

द्वादश भावगत शनि तथा पृच्छक-चिन्ता

प्रश्न के समय शनि यदि लग्न में हो तो पात्र महाधूर्त, कपटाचारी,

उदासीन, डिप्लोमेट, छली, भेद पाने की इच्छा से ज्योतिषी के घर जाता है। वह घर से किसी अन्य कार्य से चला था, उसे छोड़ हठात् अनमना-सा मार्ग बदलकर ज्योतिषी के घर जाता है। घर पर आदेश देकर आता है कि कोई आए तो बिठा देना, अमुक सब्जी था भोजन बनाना आदि ऐसे समय जातक को अपने स्वास्थ्य, भाई व व्यवसाय की चिन्ता होती है।

द्वितीय भाव में शनि होने पर जातक मार्ग में किसी लुहार, मिल मालिक, लोहे-कोयले के कारखानेवाले से मिलकर, वार्तालाप करके आता है। घर में कलह होने के कारण भोजन कठिनता से ही मिल पाता है। भोजन यदि हुआ भी तो उड़द, कुल्थादि। अधिकांशतः उस दिन उपवास ही रहता है। पुत्र, शिक्षा, आजीविका, हेतु धनागम की चिन्ता रहती है।

तृतीय भाव में शनि होने पर मनुष्य मार्ग में रुककर ज्योतिषी के घर जाता है। ज्योतिषी के घर से लौटते समय कोई अन्य कार्य करके जाने का विचार हृदय में छिपाये रखता है।

चर राशि का शनि मन में बाग की सैर, जल विहार, रेलवे वर्कशॉप, विद्युत कारखाना, इंजन, वर्कशॉप, शुगर मिल, कोल्हू, लोहे व कोयले की खान, दुकानादि देखने का विचार रखता है।

ऐसा मंगल युक्त शनि किसी उक्त में से एक स्थान पर निश्चय ही ले जाता है। दुर्घटना का भय रहता है। मन में उच्चाटन, विद्या हानि, भाई के रोग पर खर्च की चिन्ता रहती है। भाई से झगड़ा, बच्चे का रोग, नीचस्थ पर मृत्यु, स्वगृही या उच्च पर उन्नति, निजी दशा में धन-लाभ होता है।

चौथा शनि प्रश्न के समय मनुष्य को उपवास कराता है या थोड़ा-सा उड़द या कुल्थ का भोजन देता है। झगड़े-टंटे में विजय, शरीर में बेचैनी, मन में उद्विग्नता, उदासीनता, जोड़ों में दर्द, गठिया, वायु रोग, प्रत्येक कार्य में रुकावट देता है। ज्योतिषी से लम्बे समय से मिलने का विचार करके भी नहीं मिल सकता। विवश होकर तंगी में आता है। मुकद्दमे में जीत तथा स्त्री के दूध बढ़ाने की चिन्ता व स्वयं के स्वास्थ्य की चिन्ता लेकर आता है।

जब प्रश्नकाल में शनि पंचम भाव में हो तो पृच्छक के प्रश्न को बढ़ाए रखता है, जैसे परीक्षा प्रश्न पर, अनुत्तीर्ण रहकर विद्यार्थी को पढ़ना पड़ेगा। सन्तान बीमार रहेगी। सन्तान नहीं है तो दो वर्ष और नहीं होगी। गर्भ क्षति होगी। स्त्री के पेट में प्रसव-दिन की पीड़ा, व्यापार में दो वर्ष तक हानि रहेगी। ऐसे प्रश्न के समय दो मनुष्यों के कार्य की चिन्ता लेकर जातक आता है।

प्रश्न के समय शनि षष्ठ भाव में होने पर शनि मुकद्दमे आदि में विजय दिलाकर शत्रु-मर्दन करता है और पराक्रम को ठेस पहुंचाता है। बढ़कर बात करने में मान-हानि, विषैले जानवर या पशु से पीड़ा, हैजा, चेचक, चर्म-रोग, वायु विकार रोग देता है। जार स्त्री-सम्बन्धी चिन्ता भी कराता है।

सप्तम भाव में शनि यात्रा में अड़चन, कार्य में विफलता, धन-हानि, स्त्री को कष्ट, स्व-पेट दर्द, गृह-कलह, वायु विकार, खेती में हानि अनेक उत्पात कराता है। बने-बनाए कार्य बिगाड़ता है। मोटर साइकिल, स्कूटर आदि सवारी की चिन्ता रहती है।

प्रश्नकाल में यदि शनि आठवें घर में विद्यमान हो तो जातक को चोरी में गए धन या भागे हुए नौकर, भाई, स्त्री आदि की चिन्ता होती है। किसी की बीमारी या मृत्यु की आशंका होती है। वायु रोग, नौकरी छूटने का भय, धन-जन हानि, सन्तान शोक, सन्तान की या अपना अध्ययन छूटने का भय रहता है। सर्प, बिच्छू, बर्र, विषकीट, गोय, कन-खजूरा से त्रास देता है।

नवम भाव में शनि होने पर जातक के शुभ व मांगलिक, दैविक, धार्मिक कार्यों में विघ्न उत्पन्न करता है। तीर्थ-यात्रा पर जाने से रोकता है। व्यापार तथा व्यवसाय में हानि देता है। भाई-बहनों को रोगी बनाता है। शत्रुओं को पराजित करता है। मिथ्यावाद तथा व्यर्थ कुत्सा की चिन्ता रहती है।

दशम भाव में प्रश्न के समय शनि रहने पर जातक को राजकीय नौकरी तथा पिता से धन-प्राप्ति की चिन्ता रहती है। कंजूसी व कृपणता बढ़ जाती है। माता अथवा स्त्री को कष्ट होता है। वर्षा से मकान गिर जाता है। स्त्री को गर्भपात होना संभव है। व्यर्थ व्यय बढ़ता है।

प्रश्नकाल में एकादश भाव में शनि हो तो पृष्टा को अपने भाई-बहन आदि के स्वास्थ्य की चिन्ता होती है। सन्तान, वाहन, सवारी, दुर्घटना आदि की चिन्ता होती है। कुत्सित, निंदित, लोकोपवाद की चिन्ता से मन खिन्न रहता है।

जब द्वादश भाव में शनि हो तो भाग्योदय, भाग्योन्नति, धन-प्राप्ति, शत्रु-विजय, ऋणमुक्ति होने की चिन्ता रहती है। शत्रु दबे रहते हैं। भाग्योदय देर से होता है। मन ठीक रहता है।

द्वादश भावगत राहु तथा पृच्छक-चिन्ता

प्रश्नकाल में जब राहु लग्न में हो तो जातक को ज्योतिषी के घर तक जाने में अनेक रुकावटों का सामना करना पड़ता है। जब-जब भी विचार करता है, किसी-न-किसी बखेड़े में फंस जाता है। वायु-विकार, वायु गोला दर्द, स्त्री के या स्वयं के पेट में दर्द, जातक अपने घर किसी को चारपाई, खाट, मेज-कुर्सी पर खाता-पीता छोड़कर आता है।

राहु द्वितीय भाव पर हो तो लग्न समान सभी बातें मार्ग में होती हैं और जातक रास्ते में रुककर ज्योतिषी के यहां पहुंचता है।

प्रश्न के समय तृतीय भाव में राहु हो तो जातक को कई जगह जाने का विचार आता है।

स्थिर राशि का राहु सर्वत्र जाने से रोकता है।

चर राशि का राहु किसी सभा, सोसायटी, मीटिंग, सिनेमा, सैर-सपाटे की जगह, पब्लिक प्लेस पर ले जाता है।

मंगल संग होने पर उसी दिन या एक माह में किसी लम्बी यात्रा पर जाना पड़ता है।

स्थिर व द्विस्वभाव राशिस्थ होने पर इरादा पूर्ण नहीं होता।

चौथे भाव का राहु भोजन की ठीक व्यवस्था नहीं होने देता, पेट व पसलियों में दर्द रहता है। पृष्टा घर पर आदेश या सलाह देकर आता है। जैसे स्त्री, माता से अमुक-अमुक भोजन पकाना, कोई आए तो बिठा देना, मैं अभी गया और आया, बच्चे को पढ़ने का आदेश देकर बैठे छोड़ आना, आदि।

पंचम भाव का राहु विद्या, पुस्तक पढ़ने, पत्र तथा लेखन कार्य को स्थिर करता है। आगे बढ़ने में रुकावटें उत्पन्न करता है। संभव है पत्र पर दूसरे के स्थान पर स्वयं का पता लिख दे और वह लौटकर अपने ही घर आ जाये, पढ़ाई की पुस्तकें फट जायें या मार्केट से ही पृष्ठ कम आए हों, आदि कारणों से या किसी के आ जाने से पढ़ाई रुक जाये।

छठे स्थान पर राहु किसी भी विवाद, झगड़े, मुकद्दमे आदि में विजय कराता है। स्वयं को रोगी तथा मामा को बीमार करता है। क्रोनिक पेन, कैंसर, अल्सर करता है। मार्ग में रोकता है।

सप्तम भाव में राहु प्रत्येक कार्य में रुकावट या अड़चन पैदा करता है।

अष्टम भाव का राहु हैजा, चेचक, वायु रोग, अण्डकोष वृद्धि, पेटदर्द, मूत्राशय में पीड़ा, पथरी, पस आदि रोग उत्पन्न करता है। शीघ्र मृत्यु नहीं होने देता।

नवम भाव का राहु भाग्योदय में अड़चनें डालता है, धार्मिक कृत्यों तथा तीर्थ-यात्रा में सहायता करता है। भाई को पीड़ा कारक होता है।

दशम भाव में राहु होने पर सरकारी नौकरी की स्थित पैदा करता है। उन्नति स्थिर रहती है। अधिकारी विरोधी रहकर भी हानि नहीं पहुंचा सकते। माता-पिता से मन-मुटाव व पेट-पसलियों में दर्द रहता है।

ग्यारहवें भाव में राहु व्यापार, व्यवसाय को स्थिर करता है। छोटे भाई-बहनों से मन-मुटाव, कलह रहने पर भी आदर-भाव में कमी नहीं आती। पुत्र रोगी रहता है। मन पढ़ाई से उच्चाट हो जाता है।

द्वादश भाव में राहु जातक को ऋणी बनाता है। मामा को कष्ट देता है, शत्रुओं को दबाये रखता है। यात्रा में खर्च की कमी करता है। किसी रोग पर खर्च करवाता है। उन्नति में बाधक है।

द्वादश भावगत केतु और पृच्छक-चिन्ता

प्रश्न के समय केतु यदि लग्नगत हो तो जातक दरवाजे तक जाते-जाते या दरवाजे के बाहर कुछ दूर चले जाने पर भी लौटकर फिर अपने कमरे में लौट आता है और स्त्री-बच्चों और नौकरों को आदेश करता है कि कोई आए तो बिठा देना, नाम-पता पूछ लेना, अमुक-अमुक सामान ले आना, अमुक-अमुक खाना बनाना आदि।

यदि यह केतु शनि से दृष्ट हो तो पृच्छक कोई वस्तु घर पर भूलकर, जो कि ज्योतिषी को देनी थी, आ जाता है या भूलकर कहीं अन्यत्र चला जाता है, या कोई भूला हुआ व्यक्ति बिना मतलब के ही ज्योतिषी के यहां पहुंच जाता है।

प्रश्न के समय यदि केतु द्वितीय भावस्थ हो तो खाना देर से मिलता है, वह भी रुचिकर नहीं होता। घर में विवाद व कलह, छोटी-मोटी दुर्घटना घटती है। पृच्छक से पूर्व, शनि से केतु दृष्ट होने पर कोई ज्योतिषी के घर आता है।

तृतीय भाव में स्थिर राशि का केतु हो तो पृच्छक किला, खण्डरात, पुरातत्त्व, विधान सामग्री तथा अजायबघर देखने की बातें करके ही आता है। मकान गिराने या पुराने घर को तोड़कर नया बनानेवाले अधिकारी से बात करके आता है पर किसी कारण से नहीं जा पाता।

यदि चर राशि में मंगल के साथ केतु तृतीय भाव में हो तो उपर्युक्त स्थानों में से कहीं-न-कहीं अवश्य जाता है। यह केतु शत्रु-नाश व पराक्रम शिथिल करता है और निम्न श्रेणी के नीचतापूर्ण कार्यों के पूर्ण न होने पर दु:ख करता है।

चतुर्थ स्थान में केतु हो तो माता को कष्ट, कृषि में हानि एवं नौकरी में खतरा होता है।

नीच या शत्रु राशि के शनि से दृष्ट होने पर जातक उपवास करता है। यदि इच्छा के विरुद्ध भोजन मिला तो तृप्ति नहीं होती। आमिष भोजन पाता है।

पंचम भावस्थ केतु हो तो पुत्र को कष्ट तथा विद्या-सम्बन्धी रुकावटें उत्पन्न करता है। स्कूल, कॉलेज, पुस्तकालय, वाचनालय एवं पंडितादि से कलह हो जाती है।

छठा केतु होने पर प्रश्नकर्ता की आंख में दर्द; कोई रोग या उसके मामा को कष्ट होता है परन्तु शत्रु दबे रहते हैं।

सप्तम भाव में केतु होने पर स्वयं के या स्त्री को उदर विकार देता है, गर्भवती स्त्री का गर्भ गिराता है। माहवारी समय पर नहीं होती।

अष्टम भाव में केतु होने पर अण्डकोष वृद्धि, रोगी को कष्ट देता है।

प्रश्नकाल में नवम भाव में केतु धन, धर्म, पराक्रम का ह्रास या नाश करता है। मांगलिक कार्य, तीर्थ-यात्रा नहीं होती। परीक्षा में असफल रहता है।

दशम केतु से माता-पिता से अनबन, नौकरी में विघ्न, अधिकारी वर्ग से तनाव रखता है। आजीविका में कठिनाई आती है।

एकादश भाव में केतु होने पर व्यवसाय में स्थिरता आती है। संतान व विद्या में कठिनाइयां आती हैं। छोटे भाई से कष्ट होता है।

व्ययस्थ केतु नयन-ज्योति क्षीण करता है। ऋण बढ़ाता है। मामा को कष्ट देता है। शत्रुओं को दबाता व नाश करता है।

प्रश्न लग्नार्थ विशेष

प्रश्न के समय जितने ग्रह लग्न को पूर्ण दृष्टि से देखते हों, उतने ही मनुष्य प्रश्नकर्ता के साथ घर से चलते समय होते हैं।

जितने ग्रह लग्न में हों उतने ही व्यक्तियों से उसकी रास्ते में मुलाकात होती है, उतने नहीं पर कम-से-कम एक से तो बात होती ही है।

जितने स्त्री या पुरुष ग्रह लग्न से सप्तम तक बैठे हों उतने ही स्त्री-पुरुषों से मुलाकात या बात होती है।

प्रश्न के समय राहु यदि लग्न में, सातवें शुक्र, चौथे भाव में मंगल हों तो पृच्छक दिन में रति करनेवाला, स्त्री या प्रेयसी से प्रेमालिंगन या रति करके ज्योतिषी के घर आता है। अविवाहित स्वप्नदोष या प्रेयसी प्रेमालिंगन में वीर्य-त्याग करके आता है।

प्रश्न-कुण्डली में चन्द्रमा और शुक्र को कुण्डली राशि विभाग में पृथक्-पृथक क्रमशः सूर्य, मंगल और बृहस्पति अलग-अलग देखते हों तो पृष्टा रात्रि में रतिक्रिया करके ज्योतिषी के पास आता है। यदि एक स्त्री ग्रह को दो पुरुष ग्रह देखते हों तो किसी अन्य पुरुष के जाग जाने के कारण पूर्ण तैयारी हो जाने पर भी रति-क्रिया नहीं होती। सूर्य-गुरु में पिता समान पुरुष, मंगल में भाई या भ्राता समान, बुध में बालक, शनि में नौकर तथा चन्द्रमा-शुक्र में किसी स्त्री के जाग जाने से विषय-वासना में बाधा आती है। रतिक्रिया नहीं होती। अविवाहित को उपर्युक्त स्थिति में स्वप्नदोष का लक्षण हो जाने पर भी पूर्ण रुप से स्वप्नदोष नहीं हो पाता अन्यथा स्वप्नदोष हुए बिना नहीं रहता। प्रेयसी सम्बन्ध विवाहित जैसा ही समझें।

प्रश्न में भाग्य-स्थान पर मंगल की दृष्टि हो और भाग्येश द्वादश भावस्थ हो तो पृष्टा को रेल-यात्राएं खूब करनी होती हैं।

प्रश्न-कुण्डली में सप्तम शुक्र व चतुर्थ मंगल हो तो प्रश्नकर्ता की स्त्री को गर्भ होता है। यदि पांचवें में पुरुष ग्रह हो या पुरुष ग्रह से पंचम भाव दृष्ट हो तो पुत्र-प्राप्ति होगी। पंचम भाव स्त्री ग्रह से दृष्ट या युक्त होने पर स्त्री को कन्या रत्न की प्राप्ति होती है। स्त्री-पुरुष ग्रहों की युति या दृष्टि से क्लीव जन्म की आशा करें।

प्रश्न के समय यदि चन्द्रमा स्वग्रही या जलचर राशि का तृतीय भावस्थ हो और भाग्येश द्वादश भाव में हो तो जातक को जल-यात्रा या विदेश-यात्रा करनी होती है।

तीसरे भाव का राहु यात्रा में रुकावटें डालता है। जातक स्वस्थ रहता है। भाई-बहनों से झगड़ा-टंटा होता है या मनमुटाव होता है तथापि स्नेह, आदर, सत्कार में न्यूनता नहीं आने देता है।

प्रश्नकाल में यदि सूर्य-चन्द्रमा, बुध, गुरु और शुक्र का इत्थशाल योग सातवें स्थान के साथ हो तो पृच्छक को कन्या के विवाह की चिन्ता होती है।

प्रश्न चक्र में जब पुरुष ग्रह, स्त्री ग्रहों को देखें तो पुरुष ग्रह स्त्री को एवं स्त्री ग्रह पुरुष ग्रहों को देखें तो स्त्री पुरुष को रति आलिंगन के लिए जगाती है। एकाकी स्त्री-पुरुष ग्रह के दृष्टिपात से आलिंगन, रतिक्रिया होती है। शनि आदि अन्य ग्रहों के देखने पर नहीं।

यदि गुरु स्वगृही या उच्च का केन्द्रवर्ती हो या उच्च का मंगल 10 वें में बलवान हो तो पृच्छक का एक पुत्र कुलदीपक होता है।

प्रश्न-कुण्डली में यदि सूर्य क्षीण चन्द्रमा, राहु-केतु, मंगल-शनि 3/6/8/12 भाव में ऊंच-नीच-स्वगृही-मित्र-शत्रु राशि के, चाहे जैसे भी बैठे हों, तो पृच्छक के प्रश्न कार्य को प्रसिद्ध करनेवाला होता है।

नीच राशि का सूर्य या राहु चतुर्थ भाव में बैठकर दसवें घर को पूर्ण दृष्टि से देखे तो प्रश्नकर्ता को एक माह में या तो छुट्टी जाना होगा या सेक्सन या कार्यालयी विभाग को छोड़ना पड़ेगा अन्यथा सीट ही बदलनी होगी।

प्रश्न-कुण्डली में यदि चन्द्रमा से सातवें पर शनि हो तो हत लक्ष्मी होता है। यदि शुक्र लग्न में शनि भाग्यस्थ हो तो जातक अप्राकृतिक मैथुनकर्ता, गुदा मैथुन करनेवाला और नीच का मंगल, उच्च या स्वगृही शनि को पूर्ण दृष्टि से देखता हो तो पृच्छक स्वलिंग युवक से विषय करनेवाला होता है।

कुम्भ का सूर्य, चन्द्र युक्त, शनि द्वारा दृष्ट हो तो प्रश्नकर्ता सुराही, घड़ा, मटका, प्याला, गिलासादि जल-पात्र तोड़कर या मार्ग में फूटा घड़ा देखकर ज्योतिषी के घर आता है।

प्रश्न-कुण्डली में यदि लग्नेश और कार्येश दोनों ही मित्र शुभ ग्रह परस्पर इत्थशाल योग करते हों—

(i) लग्नेश लग्न को, कार्येश कार्य भाव को।
(ii) कार्येश लग्न को, लग्नेश कार्य भाव को।
(iii) लग्नेश कार्येश को, कार्येश लग्नेश को।
(iv) लग्नेश कार्येश लग्न में अथवा कार्य भाव में।
(v) लग्नेश कार्येश को या कार्येश लग्नेश को देखता हो।
(vi) लग्नेश कार्येश को पूर्ण चन्द्र के साथ कबूल योग हो।
(vii) लग्न या कार्य भाव पर शुभ ग्रहों की पूर्ण दृष्टि हो।

(viii) उपर्युक्त में से यदि किसी योग को भी चन्द्र (पूर्णचन्द्र) की दृष्टि हो या युति निष्पाप हो तो प्रश्नकर्ता को प्रश्न कार्य की पूर्णतया सिद्धि प्राप्त होती है।

पूर्ण चन्द्र लग्न को या लग्नेश को, कार्य भाव या कार्येश को पूर्ण दृष्टि से देखे तो लग्नेश कार्येश 2/5/9/10/11 भाव में एक साथ बैठे हों तो कार्य की सिद्धि होती है। लग्नेश, कार्येश का योग उपर्युक्त भावों में पूर्ण चन्द्र से दृष्ट या युक्त होने पर पृच्छक शुभ यात्रा करता है, नौकरी में उन्नति, पद-वृद्धि, कार्य सिद्धि कराता है। 2/10/11 भाव में विशेष कर धन-लाभ का योग बनता है।

कार्येश उच्च का होने पर दीप्त कहलाता है। शुभ दृष्ट होने पर कार्य सिद्ध करता है।

कार्येश नीच का होने पर दीन कहलाता है, शुभ दृष्ट युक्त होने पर कार्य नष्ट करता है।

कार्येश, मित्र गृही होने पर मुदित कहलाता है। शुभ दृष्ट युक्त होने पर कार्य सुख देता है।

कार्येश स्वगृही होने से स्वस्थ कहलाता है। शुभ दृष्ट युक्त होने पर कीर्ति, लक्ष्मी देता है।

कार्येश शत्रु गृही होने से सुप्त कहलाता है, शुभ दृष्ट युक्त होने पर भी शत्रु-भय, दुःख देता है।

कार्येश पाप ग्रहाक्रान्त होने से पीड़ित कहलाता है, शुभ दृष्ट युक्त होने पर भी धन व कार्य की हानि कराता है।

कार्येश अस्त गत होने से मुषित कहलाता है, शुभ दृष्ट युक्त होने पर भी धन व कार्य की हानि कराता है।

प्रश्न-विचार

जिस समय किसी भी कार्य के लाभालाभ, शुभाशुभ जानने की इच्छा हो उस समय का इष्टकाल बनाकर प्रश्न-कुण्डली, ग्रह स्पष्ट, भाव स्पष्ट, नवमांश कुण्डली और चलित कुण्डली बनाकर विचार करना चाहिए। प्रश्न लग्न में चर राशि, बलवान, लग्नेश, कार्येश शुभ ग्रहों से युत या दृष्ट हों तथा वे 1, 4, 5, 7, 9, 10 स्थानों में हों तो प्रश्नकर्ता जिस कार्य के सम्बन्ध में प्रश्न पूछ रहा है, वह जल्दी पूरा होगा। यदि स्थिर लग्न हो, लग्नेश और कार्येश बलवान हों तो विलम्ब से कार्य होता है। द्विस्वभाव राशि लग्न में हो तथा 1, 4, 5, 7, 9, 10वें भाव में बलवान पापग्रह हों, लग्नेश, कार्येश, हीनबल नीच, अस्तगत शत्रुक्षेत्री हों तो कार्य सफल नहीं होता। धन-प्राप्ति के प्रश्न में लग्न-लग्नेश, धन-धनेश और चन्द्रमा से, यश प्राप्ति के लिए लग्न, तृतीय दशम और इनके स्वामी तथा चन्द्रमा से, सुख, शान्ति, गृह, भूमि आदि की प्राप्ति के लिए लग्न, चतुर्थ, दशम स्थान, इनके स्वामी और चन्द्रमा से, परीक्षा में यश प्राप्ति के लिए लग्न, पंचम, नवम, दशम स्थान, इनके स्वामी और चन्द्रमा से, नौकरी, व्यवसाय और मुकद्दमा में विजय प्राप्त करने के लिए, लग्न-लग्नेश, दशम-दशमेश, एकादश-एकादशेश और चन्द्रमा से, बड़े व्यापार के लिए लग्न-लग्नेश, दशम-दशमेश, एकादश-एकादशेश और चन्द्रमा से, लाभ के लिए लग्न-लग्नेश, द्वितीय-द्वितीयेश, पंचम-पंचमेश और गुरु से विचार करना चाहिए।

रोगी के स्वस्थ, अस्वस्थ होने का विचार—प्रश्न लग्न में पाप ग्रह की राशि हो, लग्न पापग्रह से युत या दृष्ट हो या अष्टम स्थान में चन्द्रमा अथवा पापग्रह हों तो रोगी का मरण होता है।

प्रश्न कुण्डली में पापग्रह आठवें या बारहवें स्थान में हो या चन्द्रमा 1, 4, 7, 8वें स्थान में हो तो शीघ्र ही रोगी की मृत्यु होती है। चन्द्रमा लग्न में, सूर्य सप्तम में, मंगल मेष राशिस्थ वृश्चिक के नवमांश में, चन्द्रमा से युक्त हो तो रोगी को महाकष्ट और शुभग्रह हो तो रोगी स्वस्थ होता है। सप्तम स्थान में शुभ-अशुभ दोनों प्रकार के ग्रह हों तो मिश्रित फल होता है।

लग्नेश निर्बल हो, अष्टमेश बली हो और चन्द्रमा छठे या आठवें भाव में हो अथवा अष्टम में शनि मंगल से दृष्ट हो तो रोगी की मृत्यु होती है। आठवें में सूर्य हो तो रक्त-पित्त, बुध हो तो सन्निपात, राहु से युक्त सूर्य

आठवें में हो तो कुष्ट, राहु से युक्त शनि आठवें में हो तो वायु विकार एवं चन्द्रमा और शुक्र आठवें में हों तो सन्निपात होता है।

लग्नेश बलवान् और अष्टमेश निर्बल हो तो रोगी का रोग जल्दी अच्छा हो जाता है।

नक्षत्रानुसार रोगी के रोग की अवधि का ज्ञान—स्वाति, ज्येष्ठा, पूर्वाषाढ़ा, पूर्वाभाद्रपद, पूर्वाफाल्गुनी, आर्द्रा और अश्लेषा में जिस व्यक्ति को रोग हो, उसकी मृत्यु होती है। रेवती और अनुराधा में रोग हो तो रोग अधिक दिन तक जाता है। भरणी, श्रवण, शतभिषा और चित्रा में रोग हो तो ग्यारह दिन तक रोग, विशाखा, हस्त और धनिष्ठा में हो तो पन्द्रह दिन तक रोग, मूल, कृत्तिका और अश्विनी में हो तो नौ दिन तक, मघा में हो तो सात दिन तक रोग, मृगशिरा और उत्तराषाढ़ा में हो तो एक महीना रोग रहता है। भरणी, अश्लेषा, मूल, कृत्तिका, विशाखा, आर्द्रा और मघा नक्षत्र में किसी को सर्प काटे तो उसकी मृत्यु होती है।

शीघ्र मृत्यु योग—आर्द्रा, अश्लेषा, ज्येष्ठा, शतभिषा, भरणी, पूर्वाषाढ़ा, पूर्वा भाद्रपद, पूर्वा फाल्गुनी, विशाखा, धनिष्ठा और कृत्तिका नक्षत्र, रवि, मंगल और शनि ये वार एवं चतुर्थी, नवमी, चतुर्दशी, एकादशी और षष्ठी इन तिथियों के योग में रोगग्रस्त होनेवाले व्यक्ति की मृत्यु होती है।

चोरज्ञान—प्रश्न लग्न स्थिर राशि हो या स्थिर राशि के नवमांश में प्रश्न लग्न हो अथवा वर्गोत्तम नवमांश की प्रश्न लग्न राशि हो तो—

बन्धु, स्वजातीय, उच्च जातीय व्यक्ति या दास को चोर समझना चाहिए।

प्रश्न लग्न प्रथम द्रेष्काण में हो तो चोरी गयी चीज घर के द्वार के पास, द्वितीय द्रेष्काण में हो तो घर के मध्य में और तृतीय द्रेष्काण में हो तो घर के पीछे के भाग में होती है।

लग्न में पूर्ण चन्द्र हो और उसके ऊपर गुरु की दृष्टि हो तथा शीर्षोदय राशि 3, 5, 6, 7, 8, 11 लग्न में हों तथा लग्न में बलवान और शुभ ग्रह स्थित हो और लग्नेश, सप्तमेश, दशमेश, लाभेश, बलवान चन्द्रमा परस्पर मित्र हों या इत्थशाल आदि शुभ योग करते हों तो चोरी गयी वस्तु की पुनः प्राप्ति होती है।

बली या पूर्ण चन्द्र लग्न में, शुभ ग्रह शीर्षोदय या एकादश में हो तथा शुभ ग्रह से युत या दृष्ट हो तो नष्ट धन अथवा शुभ ग्रह ग्यारहवें भाव में हो तो भी चोरी गया धन मिल जाता है।

प्रश्नकाल में जो ग्रह केन्द्र में हो उसकी दिशा में चोरी की वस्तु को कहना चाहिए। यदि केन्द्र में दो या बहुत से ग्रह हों तो उनमें से जो बली हो उस ग्रह की दिशा में नष्ट धन कहना चाहिए। यदि केन्द्र में ग्रह नहीं हो तो

लग्न राशि की दिशा में चोरी गई वस्तु बतलानी चाहिए। सप्तम स्थान में शुभ ग्रह हो या लग्नेश संप्तम स्थान में बैठा हो अथवा क्षीण चन्द्रमा सप्तम भाव में हो तो चोरी गई या भूली हुई वस्तु मिलती नहीं है। सप्तमेश व चन्द्रमा सूर्य के साथ स्थित हों तो चोरी गयी वस्तु मिलती नहीं। 1, 3, 5, 7, 11वें स्थान में शुभ ग्रह हों तो प्रश्नकर्ता का धन मिल जाता है।

लग्न पर सूर्य, चद्रमा की दृष्टि हो तो आत्मीय चोर होता है, लग्नेश और सप्तमेश लग्न में हो तो कुटुम्ब का व्यक्ति चोर होता है। सप्तमेश 2, 12वें स्थान में हो तो नौकर चोर होता है। मेष प्रश्न लग्न हो तो ब्राह्मण चोर, वृष हो तो क्षत्रिय चोर, मिथुन लग्न हो तो वैश्य चोर, कर्क लग्न हो तो शूद्र चोर, सिंह लग्न हो तो अन्त्यज चोर, कन्या लग्न हो तो स्त्री चोर, तुला लग्न हो तो पुत्र, भाई या मित्र चोर, मकर हो तो मनुष्येतर प्राणी चूहा आदि और मीन हो तो ऐसे ही भूली हुई समझना चाहिए।

चर प्रश्न लग्न हो तो दो अक्षर के नाम वाला चोर, स्थिर हो तो चार अक्षर के नामवाला चोर, द्विस्वभाव लग्न हो तो तीन अक्षर के नामवाला चोर होता है।

ज्योतिष में एक सिद्धान्त यह भी बतलाया गया है कि प्रश्न लग्न चर हो तो चोर के नाम का पहला अक्षर संयुक्त होता है, जैसे द्वारका, ब्रजरत्न आदि। स्थिर लग्न हो तो कृदन्त-पदसंज्ञक वर्ण चोर के नाम का प्रथम अक्षर होता है, जैसे मंगलसेन, भवानी शंकर इत्यादि। द्विस्वभाव लग्न हो तो स्वरवर्ण चोर के नाम का प्रथम अक्षर होता है, जैसे ईश्वरीप्रसाद, उजागर सिंह, उग्रसेन इत्यादि। चोर का विशेष स्वरूप लग्न के द्रेष्काण के अनुसार जानना चाहिए।

प्रश्न लग्नानुसार चोर और चोरी की वस्तु का विचार—मेष लग्न में वस्तु चोरी गयी हो अथवा प्रश्नकाल में लग्न हो तो चोरी की वस्तु पूर्व दिशा में समझनी चाहिए। चोर ब्राह्मण जाति का व्यक्ति होता है, और उसका नाम स अक्षर से आरम्भ होता है। नाम में दो या तीन ही अक्षर होते हैं।

वृष लग्न में वस्तु चोरी गयी हो अथवा प्रश्न लग्न में मेष लग्न हो तो चोरी की वस्तु पूर्व दिशा में समझनी चाहिए। चोरी करनेवाला व्यक्ति क्षत्रिय जाति का होता है और उसके नाम में आदि अक्षर रहता है तथा नाम चार अक्षरों का रहता है।

मिथुन लग्न में चोरी गई वस्तु अथवा प्रश्नकाल में मिथुन लग्न के होने से चोरी की गई वस्तु आग्नेयकोण में रहती है। चोरी करनेवाला व्यक्ति वैश्य वर्ण का होता है, और उसका नाम ककार से आरम्भ होता है और नाम में तीन वर्ण होते हैं।

कर्क लग्न में वस्तु की चोरी हो जाने पर अथवा प्रश्नकाल में कर्क लग्न के होने पर चोरी की वस्तु दक्षिण दिशा में मिलती है, और चोरी करने वाला भद्र या अन्त्यज होता है। इसका नाम तकार से आरम्भ होता है और नाम में तीन वर्ण होते हैं।

प्रश्नकाल या चोरी के समय में सिंह लग्न के होने पर चोरी की वस्तु नैऋृत्य कोण में पायी जाती है। चोरी करनेवाला सेवक (नौकर) होता है और यह अन्त्यज या अन्य किसी निम्न श्रेणी की जाति का रहता है।

प्रश्नकाल या चोरी के समय में कन्या लग्न हो तो चोरी गयी वस्तु पश्चिम दिशा में समझनी चाहिए। चोरी करनेवाला कोई पुरुष नहीं होता बल्कि नारी होती है। इसका नाम ककार से प्रारम्भ होता है और नाम में कई वर्ण पाये जाते हैं। कन्या लग्न में बुध और चन्द्रमा का नवांश हो तो ब्राह्मणी चोर होती है, और मंगल का नवांश होने पर क्षत्रियाणी चोर होती है। शुक्र का नवांश होने पर वैश्य जाति की स्त्री चोर और शनि-रवि का नवांश होने पर शूद्रा या अन्त्यज जाति की स्त्री चोरी करती है।

तुला लग्न होने पर चोरी गयी वस्तु पश्चिम दिशा में समझनी चाहिए। चोरी करनेवाला पुत्र, मित्र, भाई या अन्य कोई सम्बन्धी ही होता है। इसका नाम भी मकार से आरम्भ होता है और नाम में तीन वर्ण होते हैं। तुला लग्न में गुरु, चन्द्र और बुध का नवांश हो तो चोरी करनेवाला परिवार का ही व्यक्ति होता है। मंगल और रवि के नवांश में दूर का संबंधी चोर होता है, तथा शनि के नवांश में आया हुआ अतिथि या अन्य परिचित व्यक्ति—जिससे केवल जान-पहचान का ही सम्बन्ध होता है, चोरी करता है।

तुला लग्न में चोरी गई हुई वस्तु बड़ी कठिनता से प्राप्त होती है।

वृश्चिक लग्न होने पर चोरी गई हुई वस्तु पश्चिम दिशा में समझनी चाहिए। इस प्रश्नकाल के होने पर चोरी की वस्तु घर से सौ-डेढ़ सौ गज की दूरी पर ही रहती है। चोर घर का नौकर होता है, और इसका नाम सकार से आरम्भ होता है। नाम चार अक्षरों का होता है। इस लग्न का नवांश यदि गुरु या शुक्र का हो तो चोरी की वस्तु मिल जाती है तथा चोरी करनेवाला किसी उत्तम वर्ण का होता है। बुध के नवांश के होने पर चोरी करनेवाला कोई पड़ोसी भी हो सकता है, तथा यह पड़ोसी गौर वर्ण का होता है और इसका कद पांच फीट छह इंच का रहता है। देखने में भव्य और बातूनी होता है।

प्रश्नकाल में धनु लग्न हो या धनु का नवांश हो तो चोरी गई वस्तु वायुकोण में रहती है। चोरी करनेवाली नारी होती है तथा उसका नाम सकार से आरम्भ होता है और नाम में कुल चार वर्ण पाये जाते हैं। मंगल का नवांश रहने पर चोरी करनेवाली युवती होती है और बुध के नवांश में

चोरी किसी कन्या के द्वारा होती है। शुक्र के नवांश में चोरी करनेवाले की आयु 7-8 वर्ष की होती है। तथा यह चोरी किसी ब्राह्मण या अन्त्यज के बालक द्वारा ही की जाती है। धनु लग्न के होने पर गुरु केन्द्र या त्रिकोण में स्थित हो तो चोरी की गई वस्तु उपलब्ध नहीं हाती। यह चोरी किसी आत्मीय द्वारा ही की जाती है। शनि का नवांश प्रश्नकाल में रहने से चोरी पुरुष और नारी दोनों के द्वारा मिलकर की जाती है। पुरुष का नाम 'ह' या 'र' अक्षर से प्रारम्भ होता है और युवती का 'स' से। धनु लग्न में साध ारणतः चोरी गई वस्तु मिलती नहीं। यदि प्रश्नकाल में धनु लग्न के अन्तिम छः अंश शेष रह गये हों तो प्रयास करने से चोरी में गयी वस्तु मिल जाती है।

प्रश्नकाल में मकर लग्न हो तो चोरी की वस्तु उत्तर दिशा में समझनी चाहिए। चोरी करनेवाला वैश्य जाति का व्यक्ति होता है। नाम का आदि अक्षर 'स' से और चार वर्णों का नाम होता है। मकर लग्न में शनि हो, नवांश हो तो चोरी की वस्तु उपलब्ध नहीं होती है। गुरु के नवांश में रहने से किसी धर्मस्थान, मन्दिर कूप या अन्य किसी तीर्थ-स्थान में वस्तु को समझना चाहिए।

प्रश्नकाल में कुम्भ लग्न होने पर चोरी गई वस्तु उत्तर या उत्तर-पश्चिम के कोने में रहती है। इस प्रश्न लग्न के अनुसार चोरी करनेवाला कोई व्यक्ति नहीं होता, बल्कि चूहों के द्वारा ही वस्तु इधर-उधर कर दी जाती है। इसकी प्राप्ति एक महीने के भीतर हो सकती है। प्रश्नकाल में बुध का नवांश हो तो चक्की या चारपाई के पीछे वस्तु की स्थिति समझनी चाहिए। शुक्र और चन्द्रमा के नवांश में चोरी की वस्तु की स्थिति शयन-कक्ष में या शयन-कक्ष के बगलवाले कमरे में समझनी चाहिए।

मीन लग्न में वस्तु की चोरी हुई हो अथवा प्रश्नकाल में मीन लग्न हो तो ईशान कोण में वस्तु की स्थिति रहती है। चोरी करनेवाला शूद्र या अन्त्यज होता है और चुराकर वस्तु को जमीन के नीचे रख देता है। इसका नाम 'ब' अक्षर से प्रारम्भ होता है और तीन अक्षर का नाम होता है। मीन लग्न में तृतीय नवांश के होने पर चोर स्त्री भी होती है। यह घर का कार्य करनेवाली नौकरानी या अन्य कोई परिचित महिला ही रहती है।

वर्गानुसार चोर और चोरी की वस्तु का विचार—प्रश्नकाल में फल, पुष्प, देव, नदी, तीर्थ एवं पर्वत का नामोच्चारण कराके प्रश्नाक्षर ग्रहण करने चाहिए। प्रातःकाल में आये तो पुष्प का नाम, मध्याह्न काल में फल का नाम, अपराह्न में देवता का नाम और सायंकाल में नदी या पहाड़ का नाम पूछकर ग्रहण करना चाहिए। 'अ' वर्ग के वर्ण प्रश्नाक्षर हों अथवा प्रश्नाक्षरों में 'अ' वर्ग के वर्गों की प्रधानता हो तो ब्राह्मण चोर होता है। चोर पुरुष न

होकर कोई नारी होती है। और चोरी गई वस्तु मिल जाती है। प्रश्नाक्षर में 'क' वर्ग के वर्ण प्रधान हों तो क्षत्रिय जाति का व्यक्ति चोर होता है। इस प्रकार से प्रश्नाक्षरों के होने पर पुरुष चोरी करते हैं। और चोरी की वस्तु बहुत दूर पहुंच जाती है। प्रयास करने पर इस प्रकार के प्रश्नाक्षरों की वस्तु प्राप्त होती है। चोर व्यक्तियों का कद मध्यम दर्जे का होता है और एक व्यक्ति के दाहिने अंग में किसी अस्त्र की चोट का निशान रहता है अथवा पैर का लंगड़ा होता है। 'च' वर्ग के प्रश्नाक्षर होने पर चोर वैश्य वर्ण का व्यक्ति होता है। चोरी करनेवाला अत्यन्त कापुरुष, सन्तानहीन, व्यसनी एवं दुराचारी होता है। 'ट' वर्ग के वर्ण प्रश्नाक्षर होने से शूद्र जाति का व्यक्ति चोर होता है और चोरी करनेवाला नपुंसक होता है। इस प्रकार के प्रश्नाक्षरों से यह सूचना भी मिलती है कि चोर का सम्बन्ध पुराना है, और उसका विश्वास होता चला आ रहा है। उसके गाल या मस्तक पर मस्सा अथवा तिल का दाग भी है।

'त' वर्ग के प्रश्नाक्षरों के होने से चोरी करनेवाला अन्त्यज होता है। चोरी के समय उसकी सहायता दो-तीन व्यक्ति करते हैं या चोरी करने में इनकी भी सहायता रहती है। यह चोरी अत्यन्त विश्वसनीय व्यक्तियों से मिलकर की जाती है। चोरी गये पदार्थ घर से आधा मील की दूरी पर रहते हैं तथा रुपये खर्च करने पर वे पदार्थ मिल भी जाते हैं।

'प' वर्ग के वर्ण प्रश्नाक्षर हों तो घर की दासी या नौकरानी चोर होती हैं। चोरी का सामान भी मिल जाता है। चोरी करनेवाली निम्न श्रेणी की होती है। तथा उसकी आयु 40-50 वर्ष की होती है। चोरी में इसे किसी से सहायता प्राप्त नहीं होती है। पर इसकी जानकारी घर के किसी-न-किसी व्यक्ति को अवश्य रहती है।

'य' वर्ग के वर्ण प्रश्नाक्षर होने पर चोर शूद्र वर्ण का व्यक्ति होता है। बहुत संभव है कि वह घर का कोई नौकर ही हो अथवा उस घर से उसका सम्बन्ध रहता है। इन प्रश्नाक्षरों से यह भी ज्ञात होता है कि चोर किसी नौकरानी से भी मिला है और चोरी करने में उसने भी सहायता प्रदान की है।

'श' वर्ग के वर्ण प्रश्नाक्षर हों तो चोरी करनेवाला वैश्य जाति का व्यक्ति होता है। इस व्यक्ति के सिर पर बाल कम होते हैं और उसके बाल झड़ जाते हैं तथा खोपड़ी दिखलाई पड़ती है। इसका कद मध्यम होता है और अवस्था 35 या 40 वर्ष के बीच होती है। चोर अपने व्यवसाय में अत्यन्त प्रवीण होता है तथा चोरी करने का उसका अभ्यास रहता है। उसके दाहिने कन्धे पर लहसुन या किसी शस्त्र का चिह्न अंकित रहता है।

नक्षत्रानुसार चोरी गयी वस्तु की प्राप्ति का विचार—रोहिणी, पुनर्वसु,

उत्तरा फाल्गुनी, विशाखा, पूर्वाषाढ़ा, धनिष्ठा और रेवती के नक्षत्र अन्धलोचन संज्ञक हैं। इनमें खोई या चोरी गई वस्तु पूर्व दिशा में होती है और शीघ्र मिल जाती है। मृगशिरा, अश्लेषा, हस्त, अनुराधा, उत्तराषाढ़ा, शतभिषा और अश्विनी इन नक्षत्रों की मन्दलोचन संज्ञा है। इनमें खोई या चोरी गई वस्तु पश्चिम दिशा में होती है और अधिक प्रयत्न करने पर मिलती है। आर्द्रा, मघा, चित्रा, ज्येष्ठा, अभिजित पूर्वाभाद्रपद और भरणी इन नक्षत्रों की वर्णलोचन या मध्यलोचन संज्ञा है। इनमें खोई या चोरी गई वस्तु दक्षिण दिशा में होती है और इस वस्तु की प्राप्ति नहीं होती। किन्तु बहुत दिनों के बाद समाचार उसके सम्बन्ध में सुनने को मिलते हैं। पुनर्वसु, पूर्वा फाल्गुनी, स्वाति, मूल, श्रवण, उत्तरा भाद्रपद और कृत्तिका सुलोचन संज्ञक हैं। इन नक्षत्रों में खोई या चोरी गई वस्तु उत्तर दिशा में रहती है और कभी भी प्राप्त नहीं होती तथा न उसके समाचार ही मिलते हैं।

मघा में उत्तरा फाल्गुनी पर्यन्त नक्षत्रों में खोई हुई वस्तु पास ही में मिल जाती है। उसके लिए विशेष झंझट नहीं करनी पड़ती, हस्त से धनिष्ठा पर्यन्त नक्षत्रों में खोई हुई वस्तु अन्य व्यक्ति के हाथ में दिखलाई पड़ती है। कृत्तिका से आश्लेषा पर्यन्त नक्षत्रों में खोई हुई वस्तु देखने में नहीं आती, कहीं दूर चली जाती है।

प्रवासी प्रश्न विचार--प्रश्न-कुण्डली में शुक्र और गुरु 2, 3, स्थानों में हों तो प्रवासी विलम्ब से, यदि ये ग्रह 1, 4 स्थान में हों तो जल्दी ही घर वापस आ जाता है। 6, 7वें स्थान में कोई ग्रह हो, केन्द्र में गुरु हो और त्रिकोण में बुध अथवा शुक्र हो तो जल्दी ही प्रवासी लौटता है। लग्न में चर राशि हो या चन्द्रमा चर अथवा द्विस्वभाव राशि में चर नवमांश का होकर स्थित हो तो प्रवासी लौट आता है। यदि स्थिर लग्न हो तो वह वापस नहीं आता। लग्नेश 2, 3, 8, 9 वें स्थान में हो तो प्रवासी लौटकर रास्ते में ठहरा हुआ होता है। 2, 3, 5, 6, 7वें स्थान में वक्रीग्रह हो, केन्द्र में गुरु या बुध हो और त्रिकोण में शुक्र हो तो प्रवासी जल्दी वापस आता है।

प्रश्नकर्ता के प्रश्नाक्षरों की संख्या को 6 से गुणा कर जो गुणनफल हो, उसमें एक जोड़ने से जो आए उसमें सात का भाग दें। एक शेष रहे तो प्रवासी आधे मार्ग में, दो शेष रहे तो घर के समीप, तीन शेष रहे तो घर पर, चार शेष रहे तो लाभयुक्त, पांच शेष रहे तो रोगी, छह शेष रहे तो पीड़ित और शून्य शेष रहे तो आने को तत्पर होता है।

सन्तान सम्बन्धी प्रश्न--सन्तान की प्राप्ति होगी या नहीं, इस प्रश्न का उत्तर देने के लिए जिस तिथि को पृच्छक आया हो उसी तिथि-संज्ञा को चार से गुणा करके एक जोड़ दें। इस योगफल में दिन संख्या और योग संख्या रविवार, सोमवार आदि, विषकम्भ, प्रीति आदि योग संख्या उस दिन जो

वार और योग हो उसकी संख्या जोड़ दें। इस योगफल में दो से भाग देने पर जब जो लब्धि हो उसको तीन से गुणाकर चार से भाग दें। यदि भाग करते समय एक शेष रहे तो विलम्ब से सन्तान की सम्भावना, दो शेष रहे तो सन्तान का अभाव और शून्य शेष रहे तो सन्तान की शीघ्र ही प्राप्ति होने की उम्मीद होती है।

दिन संख्या—(रविवार आदि क्रम से) तीन से गुणाकर उसमें तिथि-संख्या जोड़ देना और योगफल में दो का भाग देने से एक शेष रहने पर सन्तान की प्राप्ति संभव और शून्य शेष रहने पर सन्तान प्राप्ति का अभाव समझना चाहिए।

प्रश्न लग्न के अनुसार सन्तान-सम्बन्धी प्रश्नों में लग्नेश और पंचमेश तथा लग्न और पंचम के सम्बन्ध का विचार करना चाहिए। लग्नेश और पंचमेश परस्पर एक-दूसरे को देखते हों तो सन्तान और परस्पर में दृष्टि न हो तो सन्तान का अभाव समझना चाहिए। इस प्रसंग में यह ज्ञातव्य है कि लग्न और पंचम पर लग्नेश और पंचमेष की दृष्टि का होना तथा शुभग्रहों के साथ इत्थशाल योग का रहना सन्तान-प्राप्ति के लिए आवश्यक है। दृष्टि न होने पर सन्तानाभाव समझना चाहिए। प्रश्न लग्न, जन्म लग्न और चन्द्रमा से पंचम स्थान में सिंह, वृष, वृश्चिक और कन्या राशियां स्थित हों तो प्रश्नकर्ता को विलम्ब से सन्तान-लाभ होता है। यदि पंचम भाव में पाप ग्रह हो अथवा पापदृष्ट ग्रह हो तो भी विलम्ब से सन्तान प्राप्ति होती है। यदि प्रश्न के समय अष्टम भाव में सूर्य और शनि, सिंह, मकर या कुम्भ राशि में हो तो सन्तान का अभाव समझना चाहिए। चन्द्र और बुध अष्टम स्थान में स्थित हो तो विलम्ब में एक सन्तान की प्राप्ति होती है। चन्द्रमा के बलवान होने से कन्या सन्तान होती है। यदि अष्टम में केवल बुध हो तो सन्तान का अभाव रहता है। शुक्र और गुरु अष्टम स्थान में स्थित हो और सन्तान उत्पन्न होने के अनन्तर उसकी मृत्यु हो जाती है। मंगल अष्टम में हो तो गर्भपात हो जाता है। प्रश्न लग्न में अष्टमेश अष्टम भाव में स्थित हो तो पृच्छक को सन्तान लाभ नहीं होता। शुक्र और सूर्य अष्टम स्थान में स्थित हो तो पाप ग्रह द्वितीय, द्वादश और अष्टम स्थान में हो तो सन्तान लाभ नहीं होता तथा पृच्छक को कष्ट भी होता है। यदि द्वादश भाव का स्वामी केन्द्र में हो और उसे शुभग्रह देखते हों तो एक दीर्घजीवी बालक उत्पन्न होता है। पंचमेश अथवा लग्नेश मेष, मिथुन, सिंह, तुला, धनु और कुम्भ राशियों में स्थित हो तो एक पुत्र की प्राप्ति होती है। यदि उक्त ग्रह वृष, कर्क, कन्या, वृश्चिक, मकर और मीन राशियों में स्थित हों तो कन्या की प्राप्ति होती है। लग्न से विषम स्थान में शनि स्थित हो तो पुत्र-लाभ और वही सम स्थान में स्थित हो तो कन्या की प्राप्ति होती है। पंचम भाव का

स्वामी लग्नेश या चन्द्रमा से इत्थशाल करता हो और शुभ ग्रहों से युक्त या दृष्ट हो तो पृच्छक को सन्तान-लाभ होता है।

लाभालाभ प्रश्न—प्रश्नकालीन कुण्डली बनाने के अनन्तर विचार करना—यदि लग्नेश और अष्टमेश दोनों आठवें स्थान में हों तथा ये दोनों एक ही द्रेष्काण में स्थित हों तो पृच्छक को अवश्य लाभ होगा। प्रश्नकाल में लग्न में सौम्य ग्रहों का वर्ग हो तो ग्रह भाव की अपेक्षा शुभ फल समझना चाहिए। लग्न में चन्द्रमा और लाभ भाव में गुरु या शुक्र हो तथा लाभभाव के ऊपर शुभ ग्रहों की दृष्टि हो तो पृच्छक को विशेष रूप से लाभ होता है। लग्नेश और लाभेश एक साथ हों तो भी लाभ होता है। लग्नेश और लाभेश दोनों का इत्थशाल होने पर भी लाभ होता है। यदि लग्नेश चन्द्रमा से दृष्ट होकर लाभ स्थान में स्थित हो तो दूसरों की सहायता से भी लाभ होता है। दशमेश और चन्द्रमा का इत्थशाल होने पर भी लाभ की प्राप्ति होती है। कर्माधिपति का लग्नेश के साथ रहना, उसके साथ इत्थशाल होना एवं कर्माधिपति और लाभेश का योग होना भी लाभ का सूचक है। लाभेश और दशमेश का योग और इत्थशाल होने पर लाभ नहीं होता। जिस-जिस स्थान पर चन्द्रमा की दृष्टि हो उस-उस स्थान से पुण्य की वृद्धि तथा कर्म की सिद्धि होती है। अष्टम भाव पर चन्द्रमा की दृष्टि रहने से लाभ नहीं होता तथा धर्म-कर्म का भी ह्रास होता है। लग्नेश षष्ठ या अष्टम में हो तो लाभ नहीं होता तथा नाना प्रकार के कष्ट भी सहन करने पड़ते हैं। लग्नेश द्वादश भाव में स्थित हो तो व्यय अधिक होता है और लाभ कुछ नहीं। पृच्छक की प्रश्न कुण्डली में लग्न में बुध स्थित हो और चन्द्रमा की दृष्टि हो अथवा पाप ग्रहों को बुध पर दृष्टि हो तो शीघ्र ही लाभ होता है।

प्रश्नकाल में जो राशि हो उसकी कला बनाकर उस पिण्ड को छाया के अंगुलों से गुणा करें और सात से भाग दें तो जो शेष बचे उसे एक स्थान में रखें। यदि शुभ ग्रह का उदयांक हो तो प्रश्नकर्ता के कार्य की सिद्धि कहना और अन्य ग्रह का उदयांक हो तो कार्य सिद्धि का अभाव समझना चाहिए।

वाद-विवाद या मुकद्दमे का प्रश्न—विवाद के प्रश्न में यदि लग्न में पापग्रह हो तो प्रश्नकर्ता निश्चयतः उस मुकद्दमें में विजयी होगा। सप्तम भाव में नीच ग्रह के रहने से मुकद्दमें में विजय लाभ नहीं होता। लग्न और सप्तम में क्रूर ग्रहों के रहने से मुकद्दमा वर्षों चलता है। और कई वर्षों के पश्चात वादी को विजय मिलती है। लग्नेश, पंचमेश और शुभ ग्रह केन्द्र में हों तो सन्धि हो जाती है। लग्नेश, सप्तमेश, षष्ठेश छठे स्थान में हों तो परस्पर कलह कुछ अधिक दिनों तक चलती है। पर अन्त में विजय लाभ होता है। मुकद्दमें के प्रश्न में लग्न, पंचम और षष्ठ तथा इन स्थानों के स्वामियों से विचार करना चाहिए। लग्न के निर्बल रहने से विजय की

सम्भावना नहीं रहती। लग्नेश और पंचमेश भी हीनबल हों या इनके ऊपर क्रूर ग्रह की दृष्टि हो तो नाना प्रकार के कष्ट सहन करने पड़ते हैं। तथा मुकद्दमे में पराजय होती है। चन्द्रमा लग्न या पंचम को देखता हो तथा उसका लग्नेश या पंचमेश के साथ इत्थशाल योग हो तो भी विजयलाभ होता है।

पृच्छक से किसी फूल का नाम पूछकर उसकी स्वर संख्या को व्यंजन संख्या से गुणा कर दें, गुणरनफल में पृच्छक के नाम के अक्षरों की संख्या जोड़कर योगफल में नौ का भाग दें। एक शेष में शीघ्र कार्य-सिद्धि, 0, 2, 5 शेष में विलम्ब से कार्य सिद्धि और 4, 6, 8 शेष में कार्यनाश तथा अवशिष्ट शेष में कार्य मन्दगति से होता है।

पृच्छक के नाम के अक्षरों को दो से गुणा कर गुणनफल में 7 जोड़ दें। इस योगफल में तीन का भाग देने पर सम शेष में कार्यनाश और विषम शेष में कार्यसिद्धि समझें।

पृच्छक से एक से लेकर नौ तक की अंक संख्या में से कोई भी अंक पूछना चाहिए। बतायी गई अंक संख्या को उसके नाम की अक्षर संख्या से गुणा कर देना चाहिए। इस गुणनफल में तिथि संख्या और प्रहर संख्या को जोड़ देना चाहिए। तिथि की गणना शुक्ल पक्ष की प्रतिपदा से होती है। अतः शुक्ल पक्ष की प्रतिपदा की संख्या 1, द्वितीया 2, इसी प्रकार अमावस्या की 30 मानी गई है। वार संख्या रविवार की 1, सोमवार 2, इसी प्रकार उत्तरोत्तर बढ़ती हुई शनि की 7 संख्या मानी गई है। उपर्युक्त योग संख्या में 8 का भाग देने पर 0, 1, 7 शेष में कार्य-सिद्धि, मतान्तर से 1, 8 में विलम्ब से सिद्धि, 2, 4, 6 में सिद्धि और 3, 5 शेष में विलम्ब से सिद्धि होती है।

पृच्छक यदि ऊपर देखता हुआ प्रश्न करे तो कार्यसिद्धि और जमीन को देखता हुआ प्रश्न करे तो विलम्ब से कार्यसिद्धि होती है। जमीन देखते समय उसकी दृष्टि किसी गड्ढे या नीचे स्थान की ओर हो तो कार्यसिद्धि नहीं होती। अपने शरीर को खुजलाते हुए प्रश्न करे तो विलम्ब से कार्यसिद्धि, जमीन खरोंचता हुआ प्रश्न करे तो कार्य असिद्धि एवं इधर-उधर देखता हुआ प्रश्न करे तो विलम्ब से कार्य सिद्धि होती है।

मेष, मिथुन, कन्या और मीन लग्न में प्रश्न किया गया हो तो कार्यसिद्धि, तुला, कर्क, सिंह और वृष लग्न में प्रश्न किया गया हो तो विलम्ब से सिद्धि एवं वृश्चिक, धनु, मकर एवं कुम्भ में प्रश्न किया गया हो तो प्रायः कार्य की सिद्धि नहीं होती। मतान्तर से धनु और कुम्भ लग्न में प्रश्न किये जाने पर कार्यसिद्धि मानी गई है। मकर लग्न में प्रश्न करने पर कार्यसिद्धि नहीं होती। यदि लग्नेश चतुर्थ, पंचम और दशम भाव में से किसी भी स्थान में स्थिर हो तो कार्य की सिद्धि होती है। चन्द्रमा या चतुर्थेश या दशमेश में से

कोई भी हो तो कार्य सफल होता है। दशम भाव में उच्च का मंगल या सूर्य हो तो अवश्य ही कार्यसिद्धि होती है। दशमेश का चन्द्रमा अथवा लग्नेश के साथ इत्थशाल योग हो और चन्द्रमा की उसके ऊपर दृष्टि हो तो कार्य सिद्ध होता है। शनि का नवांश लग्न में हो तथा लग्न में राहु अथवा केतु में से कोई एक ग्रह स्थित हो तो कार्य सफल नहीं होता। दशम या दशमेश, पापग्रहों से युक्त या दृष्ट हो तो कार्य का नाश, पंचमेश व चतुर्थेश दशम भाव में हो तो बड़ी सफलतां के साथ कार्य सिद्ध होता है। चतुर्थेश या दशमेश का वक्री होना कार्य सिद्धि में बाधक है।

भोजन-सम्बन्धी प्रश्न—आज मैंने कितनी बार भोजन किया है और कैसा भोजन किया है, इस प्रश्न के उत्तर को समझने के लिए लग्न स्वभाव का विचार करना चाहिए। यदि प्रश्न काल स्थिर हो तो एक बार भोजन, द्विस्वभाव हो तो दो बार भोजन, और चर लग्न हो तो कई बार भोजन किया है, यह समझना चाहिए। यदि चन्द्रमा लग्न में हो तो नमकीन, मंगल हो तो कडुवा अथवा खट्टा, गुरु हो तो मीठा, सूर्य हो तो तिक्त, शुक्र हो तो स्निग्ध और बुध लग्न में हो तो समस्त रसों का भोजन किया है। शनि लग्न में हो तो कषाय भोजन किया है, यह कहना चाहिए। भोजन के सम्बन्ध में चन्द्रमा, गुरु, मंगल से भी विचार करना चाहिए। ज्योतिष में सूर्य का कटु रस, चन्द्रमा का नमकीन, मंगल का तिक्त, बुध का मिश्रित, गुरु का मधुर, शुक्र का खट्टा और शनि का कषाय रस कहा है। जो ग्रह लग्न में हो अथवा लग्न को देखता हो, उसी के अनुसार भोजन का रस समझना चाहिए। चन्द्रमा जिस ग्रह के साथ इत्थशाल योग कर रहा हो, उस ग्रह का रस भोजन में प्रधान रूप से रहता है। लग्न में राहु या शनि सूर्य से दृष्ट हो तो भोजन अच्छा नहीं मिलता या अभाव रहता है।

विवाह प्रश्न—प्रश्न लग्न से विवाह के सम्बन्ध में विचार करते समय सप्तमेश का लग्नेश अथवा चन्द्रमा के साथ इत्थशाल योग हो तो शीघ्र ही विवाह होता है। यदि लग्नेश अथवा चन्द्रमा सप्तम भाव में हो तो भी शीघ्र विवाह होता है। सप्तमेश का जिस ग्रह के साथ इत्थशाल योग हो और वह ग्रह निर्बल पापयुक्त या पापदृष्ट हो तो विवाह नहीं होता अथवा बहुत परेशानी के साथ विवाह होता है। सप्तम भाव में पाप ग्रह हो अथवा अष्टमेश हो तो विवाह होने के पश्चात पति-पत्नी में से किसी एक की मृत्यु होती है तथा विवाह अत्यन्त अशुभ माना जाता है। सप्तम स्थान पर अथवा सप्तमेश पर शुभग्रह की दृष्टि हो तो विवाह तीन महीने के मध्य में हो जाता। लग्नेश, सप्तमेश तथा चन्द्रमा इन तीनों ग्रहों के स्वभाव, गुण, स्थान, दृष्टि आदि के द्वारा विवाह प्रश्न का उत्तर देना चाहिए।

कार्य सिद्धि-असिद्धि प्रश्न—पृच्छक का मुख जिस दिशा में हो उस

दिशा को अंक संख्या (पूर्व 1. पश्चिम 2. उत्तर 3. दक्षिण 4. प्रहर संख्या) जिस प्रहर में प्रश्न किया गया है, उसकी संख्या तीन-तीन घंटे का एक प्रहर होता है। प्रातः काल सूर्योदय से तीन घंटे तक प्रथम प्रहर आगे तीन-तीन घंटे पर एक-एक प्रहर की गणना कर लेनी चाहिए। वार संख्या 1. रविवार 2. सोमवार 3. मंगलवार 4. बुधवार 5. गुरुवार 6. शुक्रवार 7. शनिवार और नक्षत्र संख्या 1. अश्विनी 2. भरणी 3. कृत्तिका 4. रोहिणी आदि को जोड़कर योगफल में आठ का भाग देना चाहिए। एक अथवा पांच शेष रहें तो शीघ्रकार्य सिद्धि, छह अथवा चार शेष में तीन दिन में कार्यसिद्धि, दो, तीन, अथवा सात शेष में विलम्ब से कार्य सिद्धि एवं शून्य शेष में कार्य की सिद्धि नहीं होती।

पृच्छक से एक से लेकर एक सौ आठ अंक के बीच की एक संख्या पूछनी चाहिए। इस अंक संख्या में बारह का भाग देने पर 1, 7, 9 शेष बचें तो विलम्ब से कार्यसिद्धि, 8, 4, 5, 10 शेष में कार्य-नाश एवं 2, 6, 0, 11 शेष में कार्यसिद्धि होती है।

गर्भस्थ सन्तान पुत्र है या पुत्री का विचार—1. प्रश्न-कुण्डली में लग्न में सूर्य, गुरु या मंगल हो अथवा ये ग्रह 3, 5, 7, 9वें स्थान में हों तो पुत्र और अन्य कोई ग्रह इन स्थानों में हो तो कन्या होती है।

प्रश्न लग्न विषम राशि या विषम नवमांश में हो और लग्न में सूर्य, गुरु तथा चन्द्रमा बलवान होकर स्थित हों तो पुत्र का जन्म होता है। समराशि या समराशि के नवमांश में ये ग्रह स्थित कन्या का जन्म होता है। गुरु और सूर्य विषम राशि में हों तो पुत्र, चन्द्रमा, शुक्र और मंगल समराशि में हों तो कन्या का जन्म होता है।

शनि लग्न के सिवा अन्य विषम राशि में स्थित हो तो पुत्र एवं द्विस्वभाव लग्न पर बुध की दृष्टि हो तो यमल सन्तान पैदा होती है।

लग्न में पुरुष राशि हो और बलवान् पुरुष ग्रह की उस पर दृष्टि हो तो पुत्र, समराशि हो और स्त्री ग्रह की दृष्टि हो तो कन्या का जन्म होता है।

पंचमेश और लग्नेश समराशि में हों तो कन्या, विषमराशि में हों तो पुत्र उत्पन्न होता है। लग्नेश, पंचमेश एक साथ बैठे हों अथवा एक-दूसरे को देखते हों अथवा परस्पर एक-दूसरे के स्थान में हों तो पुत्रयोग होता है।

पुरुष ग्रह—सूर्य, मंगल, गुरु बलवान हों तो पुत्रजन्म और स्त्रीग्रह-चन्द्र, शुक्र बलवान हों तो कन्या का जन्म होता है। प्रश्न कुण्डली में 3, 5, 9, 11वें स्थान में सूर्य, मंगल और गुरु हों तो पुत्र का जन्म अथवा 5, 9वें भाग में बलवान् गुरु बैठा हो तो पुत्र का जन्म होता है।

पृच्छक जिस दिन प्रश्न पूछ रहा है, शुक्ल पक्ष की प्रतिपदा से लेकर उस दिन की तिथिसंख्या, प्रहरसंख्या, वारसंख्या, नक्षत्रसंख्या को जोड़कर,

योगफल में से एक घटाकर सात का भाग देने से विषम अंक शेष रहे तो पुत्र और सम अंक शेष रहे तो कन्या होती है।

गर्भिणी के नाम के अक्षरों में वर्तमान तिथि संख्या तथा पन्द्रह जोड़कर 9 का भाग देने से विषम अंक शेष रहे तो पुत्र और सम अंक शेष रहे तो कन्या होती है।

तिथि, वार, नक्षत्र संख्या में गर्भिणी के नाम के अक्षरों को जोड़कर सात का भाग देने से एकादि शेष में रविवार, सोमवार आदि होंगे। इस प्रक्रिया से रवि, भौभ और गुरुवार निकले तो पुत्र, शुक्र, चन्द्र और बुध निकले तो कन्या एवं शनिवार निकले तो क्षीण सन्तति समझना चाहिए।

गर्भिणी के नाम के अक्षरों में 20 का अंक, वर्तमान तिथि संख्या और 4 का अंक जोड़कर 9 का भाग देने से सम अंक शेष रहे तो कन्या और विषम अंक शेष रहे तो पुत्र उत्पन्न होता है।

यदि प्रश्नकर्ता प्रश्न करते समय अपने दाहिने अंग का स्पर्श करते हुए प्रश्न करें तो पुत्र और बाएं अंग का स्पर्श करते हुए प्रश्न करे तो कन्या का जन्म होता है।

मूक प्रश्न विचार—यदि प्रश्न लग्न मेष हो तो प्रश्नकर्ता के मन में मनुष्यों की चिन्ता, वृष हो तो चौपायों या मोटरों की चिन्ता, मिथुन हो तो गर्भ की चिन्ता, कर्क हो तो व्यवसाय की चिन्ता, सिंह हो तो जीव की चिन्ता, कन्या हो तो स्त्री की चिन्ता, तुला हो तो धन की चिन्ता, वृश्चिक हो तो रोगी की चिन्ता, मकर हो तो शत्रु की चिन्ता, कुम्भ हो तो स्थान की चिन्ता और मीन हो तो देव-सम्बन्धी चिन्ता रहती है।

लग्नेश या लाभेश से जिस भाव में चन्द्रमा बैठा हो उसी भाव की चिन्ता पृच्छक के मन में होती है।

बलवान चन्द्रमा से जिस स्थान में लग्नेश बैठा हो उसी भाव का प्रश्न जानना चाहिए।

जिस स्थान में चन्द्रमा बैठा हो उस स्थान का प्रश्न या उच्च और सबसे अधिक बलवान ग्रह जिस भाव में बैठा हो उस भाव का प्रश्न जानना चाहिए।

लाभेश से जो ग्रह बलवान् (निसर्ग, काल, चेष्टा, दृष्टि, दिशा आदि बल से युक्त) हो उससे चन्द्रमा जिस भाव में हों उस भाव-सम्बन्धी प्रश्न प्रश्नकर्ता के मन में जानना चाहिए।

यदि लग्न में बलवान ग्रह हो तो अपने विषय में, तीसरे स्थान में बलवान् ग्रह हो तो अपने भाई के सम्बन्ध में, पंचम स्थान में हो तो सन्तान के विषय में, चतुर्थ स्थान में हो तो माता या मौसी के विषय में, छठे स्थान में हो तो शत्रु के विषय में, सप्तम स्थान में हो तो स्त्री के विषय में, नवम स्थान में हो तो भाग्य के विषय में, दशम स्थान में हो तो राजा के विषय में प्रश्न समझना चाहिए।

सूर्य अपने घर का हो तो राजा, राज्य के सम्बन्ध में अपनी या पिता की चिन्ता, चन्द्रमा स्वगृही हो तो जल, खेत, गड़ा धन और माता की चिन्ता, मंगल स्वग्रही हो तो शत्रु-भय, राज-भय, भूमि, जमींदारी की चिन्ता, बुध स्वगृही हो तो खेत, आयुध, चाचा और स्वामी की चिंता, गुरु स्वगृही हो तो धर्म, मित्र, विद्या, गुरु और शासन के सम्बन्ध में चिंता, शुक्र स्वगृही हो तो अच्छी बातों की चिन्ता और शनि हो तो घर और भूमि की चिन्ता पृच्छक के मन में होती है।

चन्द्रमा लग्न में हो तो मार्ग या शत्रु की चिन्ता, धन में हो तो खेत, धन, भोज्य पदार्थों की चिन्ता, तीसरे स्थान में हो तो प्रवास की चिन्ता, चतुर्थ स्थान में हो तो घर और माता के विषय में चिन्ता, पंचम में हो तो सन्तान की चिन्ता, षष्ठ में हो तो रोग की चिंता, सप्तम में हो तो स्त्री की चिंता, अष्टम स्थान में हो तो मृत्यु की चिंता, नवम में हो तो यात्रा की, दशम में हो तो खेत, कार्यसिद्धि की, एकादश में हो तो वस्त्र लाभ की और बारहवें में हो तो शत्रु के विषय में और सूर्य बलवान हो तो पिता के विषय में प्रश्न पृच्छक के मन में होता है।

मुष्टिका प्रश्न विचार—प्रश्न के समय मेष लग्न हो तो मुट्ठी की वस्तु लाल रंग की, वृष लग्न हो तो पीले रंग की, मिथुन हो तो नीले रंग की, कर्क हो तो गुलाबी, सिंह हो तो धूमिल, कन्या हो तो नीला, तुला हो तो पीला, वृश्चिक हो तो लाल, धनु हो तो पीला, मकर तथा कुम्भ में कृष्ण वर्ण और मीन में पीला वर्ण होता है। वस्तु का विशेष स्वरूप लग्नेश के स्वरूप, गुण और अकृति से कहना चाहिए।

केरल मतानुसार प्रश्न विचार—प्रातःकाल बालक के मुख से किसी पुष्प का नाम, मध्याह्न में बालक के मुख से फल का नाम, दिन के तीसरे प्रहर में बालक के मुख से देव का नाम और सायंकाल में नदी या तालाब का नाम ग्रहण करना चाहिए। बालक के अभाव में प्रश्नकर्ता के मुख से ही पुष्पादि का नाम ग्रहण करना चाहिए। जो पृच्छक का प्रश्न वाक्य हो उसके स्वर और व्यंजनों का विश्लेषण कर निम्न प्रकार से पिण्ड बना लेना चाहिए।

अ = 12, आ= 21, इ = 11, ई = 18, उ = 15, ऊ = 22,
ए = 18, ऐ = 32, ओ = 25, औ= 19, अं = 25, क = 13,
ख = 12, ग = 21, घ = 30, ङ = 10, च = 15, छ = 21,
ज = 23, झ = 26, ञ = 26, ट = 10, ठ = 13, ड = 22,
ढ = 35, ण = 45, त = 14, थ = 18, द = 17, ध = 13,
न = 35, प = 28, फ = 18, ब = 26, भ = 27, म = 86,
य = 16, र = 13, ल = 13, व = 35, श = 26, ष = 35,
स = 35, ह = 12।

मात्रा वर्ण ध्रुवांक चक्र

अ	12	क	13	ठ	13	ब	26
आ	21	ख	12	ड	22	भ	27
इ	11	ग	21	ढ	35	म	86
ई	18	घ	30	ण	45	य	16
उ	15	ङ	10	त	14	र	13
ऊ	22	च	15	थ	18	ल	13
ए	18	छ	21	द	17	व	35
ऐ	32	ज	23	ध	13	श	26
ओ	25	झ	26	न	13	ष	35
औ	19	ञ	26	प	38	स	35
अं	25	ट	17	फ	10	ह	12

लाभालाभ के प्रश्न में पिण्ड-संख्या में 42 क्षेपक का अंक जोड़ देना चाहिए और जो योगफल आये उसमें तीन का भाग देने पर 1 शेष बचे तो पूर्ण लाभ, 2 शेष बचे तो अल्प लाभ और शून्य बचे तो हानि कहना चाहिए।

उदाहरण—रामावतारजी प्रातःकाल लाभालाभ का प्रश्न पूछने हेतु पधारे, इसलिए उनसे किसी फूल का नाम पूछा। उन्होंने चमेली का नाम लिया। 'चमेली' प्रश्नवाक्य में च् + अ + म् + ए+ ल् + ई, ये स्वर और व्यंजन हैं। मात्रा और वर्ण ध्रुवांक पर से पिण्ड बनाया—च् = 15, अ = 12, म् = 86, ए = 18, ल् = 13, ई = 18, अतः 15 + 12 + 86 + 18 + 13 + 18 = 162 पिण्डांक, इसमें क्षेपांक जोड़ा। 162 + 42 = 204 ÷ 3 = 68 लब्ध, शेष 0। यहाँ शून्य शेष रहा है, अतएव हानि फल समझना चाहिए।

जय-पराजय, पिण्डांक में 34 जोड़कर तीन का भाग देने से 1 शेष रहे तो जय, 2 शेष में सन्धि और शून्य में पराजय कहनी चाहिए।

सुख-दुःख पिण्डांक में 38 जोड़कर 2 का भाग देने से एक शेष में सुख और शून्य में दुःख समझना चाहिए।

गमनागमन—यात्रा के प्रश्न में पिण्डांक में 33 जोड़कर 3 का भाग देने से 1 शेष रहे तो तत्काल यात्रा, दो शेष में यात्रा का अभाव और शून्य शेष में पीड़ा और कष्ट समझना चाहिए।

जीवन-मरण—किसी रोगी या अन्य किसी व्यक्ति के सम्बन्ध में कोई पूछे कि अमुक जीवित रहेगा या मरेगा अथवा जीवित है या मर गया है? तो इस प्रकार के प्रश्न में पिण्डांक में 40 जोड़कर 3 का भाग देने से एक शेष रहे तो जीवित, दो रहने से कष्टसाध्य और शून्य शेष रहने से मृत समझना

चाहिए।

वर्षा प्रश्न—वर्षा होगी या नहीं? इस प्रकार के प्रश्न में पिण्डांक में 32 जोड़कर 3 का भाग देने से एक शेष में वर्षा, दो में अल्पवृष्टि और शून्य शेष में वर्षा का अभाव जानना चाहिए।

गर्भ का प्रश्न—गर्भ है या नहीं? इस प्रकार के प्रश्न में पिण्डांक में 26 जोड़कर 3 का भाग देने से एक शेष रहे तो गर्भ, दो शेष में सन्देह और शून्य शेष में गर्भ का अभाव समझना चाहिए।

कार्यसिद्धि की समय-मर्यादा—कोई पूछे, हमारा कार्य कब होगा? ऐसे प्रश्न में उस समय की तिथिसंख्या, वारसंख्या और नक्षत्रसंख्या का योग कर, योगफल को 3 से गुणा कर 6 और जोड़ दें। इस योगफल में 9 का भाग देने से 1 शेष में पक्ष, 2 में मास, 3 शेष में ऋतु, 4 शेष में अयन अर्थात् 6 मास, 5 शेष में दिन, 6 शेष में रात, 7 शेष रहे तो प्रहर, 8 शेष में घटि और 9 शेष रहे तो एक मिनट में कार्य होने की अवधि समझना चाहिए।

उदाहरण—रंगास्स्वामी पूछने आए कि मेरा कार्य कितने समय में होगा? जिस दिन वे आये उस दिन सप्तमी तिथि, गुरुवार और मघा नक्षत्र था। इन तीनों की संख्या का योग किया— $7 + 5 + 10 = 22 \times 3 = 66 + 6 = 72 \div 9 = 8$ लब्ध, 0 शेष अर्थात् 1 मिनट में ही उनका कार्य सिद्ध होगा।

विवाह प्रश्न—प्रश्नकर्ता पूछे कि मेरा या अन्य किसी का विवाह होगा अथवा नहीं? यदि होगा तो कम परिश्रम से होगा या अधिक परिश्रम से? इस प्रकार के प्रश्न की पिण्डांक-संख्या में 8 से भाग देने पर 1 शेष रहे तो अनायास ही विवाह, 2 शेष रहे तो कष्ट से विवाह, 3 शेष रहे तो विवाह का अभाव, 4 शेष में जिस कन्या के साथ विवाह होनेवाला है उसकी मृत्यु, 5 शेष में किसी कुटुम्बी की मृत्यु, 6 शेष में विवाह के समय राजभय, 7 शेष रहे तो दम्पति का मरण अथवा ससुर का मरण और 8 शेष रहे तो सन्तान की मृत्यु समझनी चाहिए।

उदाहरण—प्रश्नकर्ता का प्रश्न-शब्द यमुना है जिसकी पिण्डांक संख्या 185 है, इसमें 8 से भाग दिया :

$185 \div 8 = 23$ लब्ध 1 शेष रहा है अतः आसानी से बिना कष्ट के विवाह होगा, ऐसा फल जानना चाहिए।

चमत्कार प्रश्न—जन्मपत्री मृतक की है, या जीवित की—इस प्रश्न में जन्मलग्न, अष्टम स्थान की राशि और प्रश्नलग्न इन तीनों की संख्या को जोड़कर जन्म-कुण्डली के अष्टमेश की राशि संख्या से गुणा कर लग्नेश की राशि संख्या से भाग देने पर विषम अंक—1, 3, 5, 7, 9, 11 शेष रहें तो जीवित की और सम अंक—2, 4, 6, 8, 10, 12 शेष रहें तो मृतक की

पत्रिका होती है।

उदाहरण—प्रश्नलग्न तुला, जन्मलग्न मीन, अष्टमेश की राशि 9, लग्नेश की राशि 5 है।

7 + 12 + 7 = 26 × 9 = 234 ÷ 5 = 46 लब्ध, 4 शेष। अतएव मृतक की पत्रिका कहनी चाहिए।

जन्म-लग्न, प्रश्न-लग्न और जन्म-कुण्डली के अष्टमेश की राशि, इन तीनों को जोड़ने से जो योगफल आये उसमें अष्टमेश की राशि से गुणा करना चाहिए और गुणनफल में प्रश्न-समय में सूर्य जिस नक्षत्र पर हो उसकी संख्या से भाग देना चाहिए। सम शेष में मृतक की जन्मपत्री और विषम शेष में जीवित की जन्मपत्री होती है।

उदाहरण—जन्म-लग्न 12, प्रश्न-लग्न 7, अष्टमेष राशि 9 = 12 + 7 + 9 = 28 को अष्टमेश की राशि 9 से गुणा किया = 252, प्रश्न समय में सूर्य 5 राशि का है अतः 5 से भाग दिया तो 252 ÷ 5 = 50 लब्ध, 2 शेष। सम शेष रहने से मृतक की जन्मपत्री समझनी चाहिए।

पुरुष-स्त्री की जन्मपत्री का विचार—राहु और सूर्य जिस राशि पर हों उस राशि की अंक संख्या तथा लग्नांक संख्या को जोड़कर 3 का भाग देने से शून्य और 1 शेष में स्त्री की और 2 शेष में पुरुष की जन्मपत्री होती है।

उदाहरण—राहु कन्या राशि, सूर्य कर्क राशि में और लग्न धनु राशि है। 6 + 3 + 9 = 19 ÷ 3 = 6 लब्ध, 1 शेष। स्त्री की जन्मपत्री है।

जन्मलग्न को छोड़कर अन्य विषम स्थान में शनि स्थित हो और पुरुष ग्रह बलवान हो तो पुरुष की कुण्डली, इससे विपरीत हो तो स्त्री की कुण्डली समझनी चाहिए।

दम्पति की मृत्यु का ज्ञान—स्त्री-पुरुष में किसकी मृत्यु पहले होगी, इसका विचार करने के लिए नामाक्षर संख्या को तिगुना करना और मात्रा संख्या को चौगुना कर, दोनों संख्याओं को जोड़कर 3 का भाग देने पर 1 या शून्य शेष रहे तो पुरुष की पहले मृत्यु और 2 शेष रहे तो स्त्री की मृत्यु पहले होती है।

पुरुष-स्त्री की जन्मराशि-संख्या को जोड़ 3 का भाग देने से शून्य और 1 शेष रहे तो पहले पुरुष की मृत्यु एवं 2 शेष रहे तो पहले स्त्री की मृत्यु होती है। इस प्रकार प्रश्नों का फल निकाल् लेना चाहिए।

श्री रामशलाका प्रश्नावली

मानसानुरागी महानुभावों को श्री रामशलाका प्रश्नावली का विशेष परिचय देने की कोई आवश्यकता नहीं प्रतीत होती। उसकी महत्ता एवं उपयोगिता से प्रायः सभी मानस प्रेमी परिचित होंगे। अतः उसका स्वरूप मात्र अंकित करके उससे प्रश्नोत्तर की विधि तथा उसके फलों का उल्लेख कर दिया जाता है। (श्री रामशलाका प्रश्नावली का स्वरूप पृष्ठ 80 पर देखिए–

इस रामशलाका प्रश्नावली के द्वारा जिस किसी को जब कभी अपने अभीष्ट प्रश्न करने की इच्छा हो तो सर्वप्रथम उस व्यक्ति को भगवान् श्री रामचन्द्रजी का ध्यान करना चाहिए। तदन्तर श्रद्धा-विश्वास पूर्वक मन से अभीष्ट प्रश्न का चिन्तन करते हुए प्रश्नावली के मनचाहे कोष्ठक में अंगुली या शलाका रख देना चाहिए और उस कोष्ठक में जो अक्षर हो उसे अलग किसी कोरे कागज या स्लेट पर लिख लेना चाहिए। प्रश्नावली के कोष्ठक पर भी ऐसा कोई निशान लगा देना चाहिए जिससे न तो प्रश्नावली गन्दी हो और न प्रश्नोत्तर प्राप्त होने तक वह कोष्ठक भूल जाए। अब जिस कोष्ठक का अक्षर लिख लिया गया है, उससे आगे बढ़ना चाहिए तथा उसके नवें कोष्ठक में जो अक्षर पड़े उसे भी लिख लेना चाहिए। इस प्रकार प्रति नवें कोष्ठक के अक्षर को क्रम से लिखते जाना चाहिए, और तब तक लिखते जाना चाहिए जब तक उसी पहले कोष्ठक के अक्षर तक अंगुली न पहुंच जाए। पहले कोष्ठक का अक्षर जिस कोष्टक के अक्षर से नवां पड़ेगा, वहां तक पहुंचते-पहुंचते एक चौपाई पूरी हो जाएगी, जो प्रश्नकर्ता के अभीष्ट प्रश्न का उत्तर होगी। यहां इस बात का ध्यान रखना चाहिए कि किसी-किसी कोष्ठक में केवल 'आ' की मात्रा (ा) और किसी-किसी कोष्ठक में दो-दो अक्षर हैं। अतः गिनते समय न तो.मात्राओंवाले कोष्टक को छोड़ना चाहिए और न दो अक्षरों वाले कोष्टक को दो बार गिनना चाहिए। जहां मात्रा का कोष्ठक आवे वहां पूर्वलिखित अक्षर के आगे मात्रा लिख लेनी चाहिए और जहां दो अक्षरोंवाला कोष्टक आवे वहां दोनों अक्षर एक साथ लिख लेना चाहिए।

अब उदाहरण के तौर पर इस रामशलाका प्रश्नावली से किसी प्रश्न में एक चौपाई निकाल दी जाती है। पाठक ध्यान से देखें। किसी ने भगवान श्री

सु	प्र	उ	वि	हो	मु	ग	व	सु	तु	नि	ध	धि	ई	द
र	रू	फ	सि	सि	रें	बस	है	मं	ल	न	ल	य	न	अं
सुज	सो	ग	सु	कु	म	रा	ग	त	न	ई	ल	धा	वे	नो
त्य	र	न	कु	जो	म	रि	र	र	अ	की	हो	सं	रा	य
पु	सु	थ	सी	जे	इ	ग	म	सं	क	रे	हो	स	स	नि
त	र	त	र	स	इ	ह	व	ब	प	चि	स	य	स	तु
म	का	ा	र	र	मा	मि	मी	म्हा	ा	जा	हू	हीं	ा	जू
ता	रा	रे	री	हृ	का	फ	खा	जि	ई	र	रा	पू	द	ल
नि	को	मि	गो	न	म	ज	य	ने	मनि	क	ज	प	स	ल
हि	र	म	स	रि	ग	द	न	ष	म	खि	जि	मनि	त	जं
सिं	मु	न	न	को	मि	ज	र	ग	धु	ख	सु	का	स	र
गु	क	म	अ	ध	नि	ग	ल	ा	न	व	ती	न	रि	भ
ना	पु	ब	अ	ढा	र	ल	का	ए	तु	र	न	नु	ब	य
सि	ह	सु	म्ह	रा	र	स	हिं	र	त	न	ष	ा	जा	ा
र	सा	ा	ला	धी	ा	री	ज	हू	हीं	षा	जू	ई	रा	रे

रामचन्द्र का ध्यान और अपने प्रश्न का चिन्तन करते हुए यदि प्रश्नावली के इस चिह्न से संयुक्त 'म' वाले कोष्ठक में अंगुली या शलाका रक्खा और वह ऊपर बताए क्रम के अनुसार अक्षरों को गिन-गिनकर लिखता गया तो उत्तर स्वरूप यह चौपाई बन गई—

होइ है सोई जो राम रचि राखा।
को करि तरक बढ़ावहिं साखा॥

यह चौपाई बालकाण्डान्तर्गत शिव और पार्वती के संवाद में है। प्रश्नकर्ता को इस उत्तर स्वरूप चौपाई से यह आशय निकालना चाहिए कि कार्य होने में सन्देह है, अतः उसे भगवान पर छोड़ देना श्रेयस्कर है।

इस चौपाई के अतिरिक्त श्री रामशलाका प्रश्नावली से और भी जितनी चौपाइयां बनती हैं, उन सबका स्थान और फलसहित उल्लेख नीचे किया जाता है।

सुनु सिय सत्य असीस हमारी। पूजिहिं मन कामना तुम्हारी।

स्थान—यह चौपाई बालकाण्ड में श्री सीताजी के गौरी-पूजन के प्रसंग में है। गौरीजी ने श्री सीता को आशीर्वाद दिया है।

फल—प्रश्नकर्ता का प्रश्न उत्तम है, कार्य सिद्ध होगा।

प्रविसि नगर कीजे सब काजा। हृदय राखि कोसलपुर राजा॥

स्थान—वह चौपाई सुन्दरकाण्ड में हनुमानजी के लंका में प्रवेश करने के समय की है।

फल—भगवान का स्मरण कर कार्य प्रारम्भ करो, सफलता अवश्य ही मिलेगी।

उघरे अंत न होई निबाहू। कालनेमि जिमि रावन राहू॥

स्थान—यह चौपाई बालकाण्ड के आरम्भ में सत्संगवर्णन के प्रसंग में है।

फल—इस कार्य में भलाई नहीं है। कार्य की सफलता में सन्देह है।

विधि बस सुजन कुसंगत परहीं। फनि मनि सम निज गुन अनुसरहीं॥

स्थान—यह चौपाई भी बालकाण्ड के प्रारम्भ में ही सत्संग-वर्णन के प्रसंग की है।

फल—खोटे मनुष्यों का संग छोड़ दो। कार्य पूर्ण होने में सन्देह है।

मुद मंगलमय संत समाजू। जिमि जग जंगम तीरथराजू॥

स्थान—यह चौपाई बालकाण्ड में संत-समाजरूपी तीर्थ के वर्णन में है।

फल—प्रश्न उत्तम है, कार्य सिद्ध होगा।

गरल सुधा रिपु करय मिताई। गोपद सिंधु अनल सितलाई॥

स्थान—यह चौपाई श्री हनुमानजी के लंका में प्रवेश करने के समय की है।

फल—प्रश्न बहुत श्रेष्ठ है। कार्य सिद्ध होगा।

बरुन कुबेर सुरेश समीरा। रन सनमुख धरि काह न धीरा॥

स्थान—यह चौपाई लंका काण्ड में रावण की मृत्यु के पश्चात् मन्दोदरी-विलाप के प्रसंग में है।

फल—कार्य पूर्ण होने में सन्देह है।

सुफल मनोरथ होहुं तुम्हारे। राम लखनु सुनि भए सुखारे॥

स्थान—यह चौपाई बालकाण्ड में पुष्पवाटिका से पुष्प लाने पर विश्वामित्र जी का आशीर्वाद है।

फल—प्रश्न बहुत ही उत्तम है। कार्य सफल होगा।

इस प्रकार रामशलाका प्रश्नावली से कुल नौ चौपाइयां बनती हैं, जिनमें सभी प्रकार के प्रश्नों के उत्तराशय सन्निहित हैं।

राशियां और मूल प्रश्न

मेष—यदि प्रश्न काल में मेष राशि लग्न में हो तो द्विपद मनुष्य के सम्बन्ध में प्रश्न होता है।

वृष—यदि प्रश्न काल में वृष राशि लग्न में हो तो चतुष्पद या पालतू पशु की चिन्ता होती है।

मिथुन—यदि प्रश्न काल में मिथुन राशि लग्न में हो तो गर्भ अथवा बच्चे से संबंधित प्रश्न होता है।

कर्क—यदि प्रश्न काल में कर्क राशि लग्न में हो तो विवाद, झगड़ा मतभेद या मुकद्दमे के बारे में प्रश्न होता है।

सिंह—यदि प्रश्न काल में सिंह राशि लग्न में हो तो नौकरी, व्यापार में उन्नति, चुनाव या अन्य सरकारी कार्य के बारे में प्रश्न होता है।

कन्या—यदि प्रश्न काल में कन्या राशि लग्न में हो तो प्रेम, विवाह या स्त्रियों के प्रपंच के बारे में प्रश्न होता है।

तुला—यदि प्रश्न काल में तुला राशि लग्न में हो तो व्यापार, रोज़गार या हानि-लाभ के बारे में प्रश्न होता है।

वृश्चिक—यदि प्रश्न काल में वृश्चिक राशि लग्न में हो तो भय, अपयश, हानि, रोग के बारे में प्रश्न होता है।

धनु—यदि प्रश्न काल में धनु राशि लग्न में हो तो चोरी, खोई वस्तु या खोए जीव के बारे में प्रश्न होता है।

कुंभ—यदि प्रश्न काल में कुंभ राशि लग्न में हो तो धार्मिक, सामाजिक, राजनीतिक या अन्य सार्वजनिक क्षेत्र की समस्या के बारे में प्रश्न होता है।

मीन—यदि प्रश्न काल में मीन राशि लग्न में हो तो व्यक्तिगत प्रश्न होता है। इन लग्न में प्रश्नकर्ता निजी स्थिति, मकान या परिवार के बारे में चिन्तित होता है।

चन्द्रमा की द्वादश अवस्था और मूक प्रश्न

स्पष्ट चन्द्रमा की राशि को छोड़कर अंशादि को दुगुना कर 5 का भाग देने से लब्धितुल्यगत अवस्था और अग्रिम वर्तमान अवस्था आती है। इन अवस्थाओं के नाम इस प्रकार हैं—

प्रवास,	नाश
मरण,	जय
हास्य,	रति
काडित	सुप्त
मुक्त,	ज्वर
प्रकम्प,	स्थिति

इन अवस्थाओं की गणना मेषादि राशियों में प्रयासादि क्रम से करना चाहिए यथा मेष प्रवास वृष नाश आदि की गणना करें।

उदाहरण—

प्रश्न के समय स्पष्ट चन्द्रमा 4 ।27 ।54 ।12 अर्थात् सिंह राशि के 27 अंश 54 कला 12 विकला है। राशि छोड़कर अंश, कला, विकला को दुगुना करने पर

27 ।54 ।12
\+ 27 ।54 ।12
25 ।48 ।24

इसमें 5 का भाग देने पर लब्धि 5 मिली अर्थात् चंद्रमा छठी अवस्था रति में हुआ। सिंह राशि में हास्य से गणना करते हैं। अतः तात्कालिक चंद्रमा हास्य से आगे छठीं राशि ज्वर अवस्था में हुआ।

अवस्थानुसार मानसिक प्रश्न

यदि प्रश्न काल में चंद्रमा प्रवासावस्था में हो तो यात्रा, विदेश में व्यक्ति, धन या मानसिक कष्ट या चिन्ता जैसा प्रश्न होता है।

यदि चन्द्रमा नाश अवस्था का हो तो बंधन, राजभय, शत्रुभय, प्रवास उद्वेग या अन्य किसी भयंकर बात की चिन्ता होती है।

प्रश्न काल समय में चन्द्रमा मरण अवस्था का हो तो मृत्यु, किसी को मारना, तांत्रिक प्रक्रिया, क्रूर या हिंसक कार्यादि के बारे में चिंता होती हैं।

चंद्रमा जयावस्था में हो तो विवाद, चुनाव, मुकद्दमा या प्रतियोगिता में हार-जीत का प्रश्न होता है।

हास्यावस्था में चंद्रमा होने पर प्रसन्नता, प्रतिस्पर्धा, महत्त्वाकांक्षा आमोद-प्रमोद, प्रेम-प्रसंग या गर्भवती स्त्री के बारे में प्रश्न होता है।

रति अवस्था में चन्द्रमा हो तो अपनी स्त्री या मित्र की चिन्ता, लाभ-हानि अथवा व्याकुलता जैसा प्रश्न कहें।

यदि चन्द्रमा सुप्तावस्था में हो तो व्यापार में लाभ, किसी नये व्यक्ति से सहयोग या उधार दी गई रकम की वसूली का प्रश्न कहा जाना चाहिए।

यदि चंद्रमा सुप्तावस्था में हो तो किसी के पास जाना, हानि-लाभ या सुख-दु:ख के बारे में प्रश्न रहता है।

ज्वर-अवस्था में चंद्रमा के रहने पर पुत्र, स्त्री, धन, आत्मीय जन के बारे में चिन्ता अथवा आशंका होती है।

प्रश्न काल में चंद्रमा यदि प्रकम्पित अवस्था में हो तो हिंसक कार्य, शत्रु भय या आकस्मिक कष्ट के बारे में प्रश्न होता है।

प्रश्न के समय स्थिति अवस्था में चन्द्रमा होने पर पुत्र, मित्र या धन प्राप्ति जैसा प्रश्न कहें।

मुष्टिका प्रश्न

प्रश्न कुण्डली में चन्द्रमा जिस राशि के नवांश में हो, उस-उस राशि द्वारा प्रश्नकर्ता की मुष्टिका अर्थात् मुट्ठी में क्या है? यह जाना जा सकता है। इसका विचार करने से पहले प्रश्नकालीन चंद्रमा का स्पष्टीकरण व नवांश विचार कर लें—

यदि चन्द्रमा मेष के नवांश में हो तो सुवर्ण और गुरु पर शुक्र से दृष्ट हो तो पृच्छक की मुट्ठी में रत्न है।

यदि चन्द्रमा वृष के नवांश में हो व शुक्र देखता हो तो मुट्ठी में सिक्का आदि होता है या आभूषण रत्नजड़ित है।

यदि वक्री या अतिचारी शुक्र देखता हो तो पुराना सिक्का है।

यदि मिथुन या कर्क के नवांश में चंद्रमा हो तो जलोत्पन्न वस्तु कमल, धान, सिंघाडा आदि है।

यदि सिंह के नवांश में चंद्रमा हो व सूर्य दृष्ट हो तो सोना-चांदी है।

यदि कन्या नवांशक हो व सूर्य से चंद्रमा दृष्ट न हो तो चांदी, बुध से दृष्ट हो तो कांसा, बुध से अदृष्ट हो तो मुद्रा, शुक्र से दृष्ट हो तो वस्त्र, शनि से दृष्ट हो तो कचनार होता है।

यदि प्रश्न-कुण्डली में शुक्र, चंद्रमा और शनि चतुर्थ भाव में हो तो क्रमशः जायफल, धातु, मिट्टी प्रश्नकर्ता की मुट्ठी में होती है।

यदि बुध, शनि, मंगल, राहु ग्यारहवें तथा 9वें स्थान में हों तो मुट्ठी में सफेद फल तथा गुरु तृतीय और बुध द्वितीय स्थान में हो तो मुट्ठी में रेशमी कपड़ा होता है।

यदि लग्न में मंगल केन्द्र (9 I4 I7 I90) में हो तो मूंगा या तांबा

चंद्र व राहु केंद्र में हों तो शंख, सीप, मोती

बुध केन्द्र में हो तो लवण

कर्क का शुक्र, केन्द्र में हो तो चांदी का सिक्का

गुरु 9 या 17 या 7वें में हो तो रत्न-जड़ित स्वर्णाभूषण या वस्त्र होता है।

मंगल व शुक्र त्रिकोण में हो तो हाथ में मिट्टी होती है।

लग्न से दशम बृहस्पति हो तो आमादि फल होता है।

शुक्र से दृष्ट चन्द्रमा केन्द्रस्थ हो तो खट्टा फल होता है।

सूर्य केन्द्रस्थ, बुध नवम, मंगल पंचम हो तो मीठा फल होता है।

यदि प्रश्न-कुण्डली में चंद्रमा छठे घर में हो तो पीपल पत्ता कहें।

यदि प्रश्न काल में चंद्रमा तुला के नवांश में हो तो गन्ध, चंदन या वस्त्र है (इस योग में चन्द्रमा, शुक्र से अदृष्ट हो तो पुराना वस्त्र पृच्छक की मुट्ठी में बतलाना चाहिए)।

यदि चन्द्रमा वृश्चिक के नवांश में शुक्र से दृष्ट हो तो लोहा, मंगल से दृष्ट हो तो सोना-चांदी होता है।

धनु राशि के नवांश में गुरु से दृष्ट चंद्रमा हो तो कोई रत्न और मकर राशि के नवांश में चंद्रमा को गुरु देख रहा हो पूर्ण दृष्टि से तो हलकी चमक वाला नकली रत्न उसकी मुट्ठी में है।

यदि उक्त योग में चंद्रमा पर शनि की दृष्टि हो तो कांच कहें।

कुंभ राशि के नवांश में चन्द्रमा होने पर मक्खी, मच्छर या अन्य जीव जातक की मुट्ठी में है।

मीन के नवांश में चंद्रमा हो तो पुरुष पुष्प या सुगन्धित वस्तु को अपनी मुट्ठी में रखे हुए है।

यदि छठे भाव में शुक्र युक्त चन्द्रमा हो तो इलायची।

यदि छठे शनि व 9वें मंगल हों तो लाल रंग की गोल वस्तु, काला तिल या मसूर ग्यारहवें शुक्र हो तो गेहूं, तीसरे सूर्य हो तो आक का पत्ता, केन्द्र में बुध हो तो कमल, चंद्र, राहु या शुक्र केंद्रस्थ हों तो अरण्डी का बीज मुट्ठी में है।

प्रश्न कुण्डली में मेष लग्न हो तो लाल रंग की वस्तु

प्रश्न कुण्डली में वृष लग्न हो तो सफेद रंग की वस्तु

प्रश्न कुण्डली में मिथुन लग्न हो तो हरे रंग की वस्तु

प्रश्न कुण्डली में कर्क लग्न हो तो गुलाबी रंग की वस्तु

प्रश्न कुण्डली में सिंह लग्न हो तो भूरे रंग की वस्तु
प्रश्न कुण्डली में कन्या लग्न हो तो अनेक रंग की वस्तु
प्रश्न कुण्डली में तुला लग्न हो तो काले रंग की वस्तु
प्रश्न कुण्डली में वृश्चिक लग्न हो तो पिशंग रंग की वस्तु
प्रश्न कुण्डली में धनु लग्न हो तो सुनहले रंग की वस्तु
प्रश्न कुण्डली में मकर लग्न हो तो चितकबरे रंग की वस्तु
प्रश्न कुण्डली में कुंभ लग्न हो तो भूरे रंग की वस्तु
प्रश्न कुण्डली में मीन लग्न हो तो चमकीले सफेद रंग की वस्तु कहें।

प्रश्न लग्न या उसके नवांश में सूर्य हो तो गुलाबी, चंद्र हो तो श्वेत मंगल हो तो लाल, बुध हो तो हरा, गुरु हो तो पीला, शुक्र हो तो चमकीला सफेद या चिकबरा, शनि हो तो काला, राहु हो तो भूरा, केतु हो तो धुएं के समान रंगवाला पदार्थ समझें।

दाम्पत्य सुख

दाम्पत्य सुख का विचार लग्नेश और सप्तमेश की दृष्टि या युति आदि से करें। निम्न योग देखें।

यदि लग्नेश और सप्तमेश परस्पर स्थान परिवर्तन किए हों अर्थात् लग्नेश सप्तम भाव में व सप्तमेश लग्न में विराजमान हो अथवा परस्पर की दृष्टि हो तो खूब गहरा प्रेम रहेगा।

यदि बलवान लग्नेश लग्न में हो तो पत्नी, पति की पूर्व आज्ञाकारिणी और सातवें घर में हो तो पती-पत्नी की हर बात माननेवाला होता है।

लग्नेश, सप्तमेश में इत्थशाल योग हो तो पत्नी-पति दोनों समान विचारधारा वाले, परस्पर सहयोगी होते हैं।

लग्नेश सप्तमेश एक साथ 1 या 7वें भाव में हों एवं शुभ ग्रहों से दृष्ट हों तो परस्पर अनन्य प्रेम होता है।

लग्नेश एवं सप्तमेश परस्पर शत्रु हों या परस्पर शत्रु दृष्टि से देखते हों तो पति-पत्नी में मतभेद, अलग-अलग विचारधारा, कलह, लड़ाई-झगड़े के कारण जीवन दुःखमय होता है।

यदि सूर्य या चन्द्रमा सप्तमेश हों या बुध या शनि सप्तमेश हों और इनमें से कोई एक ग्रह त्रिक स्थान में हो व वे दोनों परस्पर एक-दूसरे को देखते हों तो नपुंसकता, बांझपन, यौन-असंतुष्टि के कारण जीवन क्लेश-युक्त रहता है।

सप्तमेश व्ययभाव में और व्ययेश सप्तम स्थान में तथा सप्तम भाव पर पाप ग्रह की दृष्टि हो तो विघटन या तलाक हो जाता है।

निर्बल सूर्य सप्तमेश के साथ हो तो पुरुष नीच स्वभाव का, बदलचलन

होता है ओर निर्बल शुक्र सप्तमेश के साथ हो तो स्त्री दुष्ट व चरित्रहीन होती है।

लग्नेश चंद्र का मंगल के साथ ईशराफ़ योग हो तो स्त्री अपने पति को छोड़कर किसी अन्य पुरुष के साथ भाग जाती है।

मुकद्दमा विचार

जो व्यक्ति मुकद्दमा दायर करता है वह वादी कहा जाता है तथा जिस पर मुकद्दमा दायर किया जाता है वह प्रतिवादी कहा जाता है। प्रश्न-कुण्डली में नवम् भाव अर्थात् भाग्यभाव से द्वितीय अर्थात् पराक्रम भाव से अष्टम भाव तक छः भाव प्रतिवादी का प्रतिनिधित्व करते हैं।

नवम भाव से दूसरे भाव तक समस्त शुभ ग्रह बलवान होकर बैठे हों, तो मुकद्दमें में वादी की और यदि तीसरे स्थान से आठवें स्थान तक समस्त शुभ ग्रह बलवान होकर बैठे हों तो प्रतिवादी की जीत होती है। मिश्रित ग्रहों के बैठने पर परस्पर फ़ैसला हो जाता है।

प्रश्न लग्न वादी का और लग्न से सप्तम स्थान प्रतिवादी का प्रतिनिधित्व करते हैं, अतः लग्न में शुभ ग्रह या लग्नेश हो अथवा लग्न पर शुभ ग्रह और लग्नेश की दृष्टि हो तो मुकद्दमें में वादी की जीत होती है। इसी प्रकार यदि सप्तम स्थान में शुभ ग्रभ हों या सप्तमेश हो या शुभ ग्रह और सप्तमेश की दृष्टि हो तो प्रतिवादी की जीत जानना चाहिए।

अन्य योग

प्रश्न लग्न में क्रूर ग्रह हो तो प्रश्नकर्ता मुकद्दमे में अवश्य ही विजयी होता है और यदि सप्तम स्थान में क्रूर ग्रह हों तो उनका शत्रु मुकद्दमे में विजयी होता है।

लग्न और सप्तम दोनों भावों में क्रूर ग्रह हों अर्थात पाप ग्रह हों तो जिस स्थान में अधिक बलवान ग्रह हो उस पक्ष की जीत होती है।

लग्नेश वक्री हो तो वादी की और सप्तमेश वक्री हो तो प्रतिवादी की पराजय होती है।

लग्नेश और सप्तमेश में इशराफ योग हो तो मुकद्दमा लंबा हो चलता है।

लग्नेश और सप्तमेश का यदि चन्द्रमा के साथ इत्थशाल योग हो तो अथवा उन दोनों का मित्र दृष्टि से इत्थशाल हो तो अदालत मुकद्दमे का शीघ्र फैसला देती है।

केन्द्र स्थित मंगल दशमेश शनि को देखता हो तो व्यक्ति को प्रभाव या

दबाव के कारण न्यायाधीश दण्ड देता है।

भाग्य स्थान में दो पाप ग्रह हों तो प्रश्नकर्ता की हार और दो शुभ ग्रह हों तो जीत होती है।

लग्नेश, षष्ठेश और सप्तमेश प्रश्न कुण्डली में छठे भावस्थ हों तो नये-नये और मुकद्दमे प्रारंभ हो जाते हैं।

प्रश्न-कुण्डली में लग्नेश, पाप ग्रहों से दृष्ट हों और 5।7।8 एवं 9वें भाव में पाप ग्रह हों तो प्रश्नकर्ता को दण्ड अवश्य मिलता है।

सप्तमेश या लग्नेश अपनी उच्च राशि में बैठकर दशमेश के साथ इत्थशाल करें तो न्यायाधीश किसी सिफारिश या प्रभाव से उसका पक्षपात करता है।

धनागम

धन लाभ के प्रश्न में 1।2।5।9।10।11वें भाव, इनके स्वामी ग्रह और चन्द्रमा का विशेष सावधानी से विचार किया जाना चाहिए।

लग्न व्यक्ति का

द्वितीय भाव सम्पत्ति का

एकादश भाव प्राप्ति का

पंचम, नवम, दशम भाव माध्यम का व रोजगार के प्रतिनिधि भाव हैं अत: उक्त भावों, भाव स्वामियों पर प्रभाव (पाप) होने पर लाभ से वंचित कार्यों में रुकावट, देरी एवं परेशानी उत्पन्न होती है। पर उक्त भाव उन भावों के स्वामी पाप प्रभाव से मुक्त, शुभ ग्रहों से दृष्ट अथवा शुभ ग्रहों से मुक्त हों तो मात्रा में अर्थात् खूब लाभ होता है।

द्वितीयेश अपनी उच्च राशि में चंद्रमा या लग्नेश के साथ हो और उन पर शुभ ग्रह की दृष्टि हो तो यथेष्ट धन-लाभ होता है।

बलवान पाप ग्रह 2।11 भाव में विराजमान हों तो लाभ हो ही नहीं सकता। यदि कारण-अकारण एक लम्बे समय के पश्चात् लाभ हो तो अशुभ घटना अवश्य घटती है।

बुध, गुरु, शुक्र की द्वितीय व एकादश स्थान पर दृष्टि हो तथा, लाभेश व भाग्येश दोनों नवमस्थ हों तो प्रचुर मात्रा में लाभ होता है।

लग्नेश और अष्टमेश दोनों अष्टम स्थान में एक ही द्रेष्काण में हों तो निश्चय ही लाभ होता है।

लग्नेश स्वयं पाप ग्रह हों तथा द्वितीय व एकादश स्थान पर पाप ग्रहों का प्रभाव हो तो कभी लाभ नहीं होता।

लग्नेश लग्न में और लाभेश व चन्द्रमा लाभ स्थान में हों या लग्नेश व धनेश का नक्त योग हो तो जातक अवश्य लाभ प्राप्त करता है।

धनेश व लग्नेश पाप ग्रहों के साथ इत्थशाल करते हों तो लाभ के चक्कर में व्यक्ति की मृत्यु हो जाती है।

नवम भाव में शुभ ग्रह हों या देखते हों और नवमेश-लाभेश में इत्थशाल योग हो तो निश्चय ही जातक को लाभ प्राप्त होता है।

लग्नेश, लाभेश और चन्द्रमा की परस्पर दृष्टि हो तो जातक को यथेष्ट लाभ होता है।

लग्न में शुभ ग्रह, पंचम में उच्च राशि का बुध और लाभ भाव में उच्च का शुक्र हो तो अच्छी मात्रा में लाभ प्राप्त होता है।

लग्नेश लग्न को और लाभेश लाभ को देखता हो तो खूब लाभ होता है।

धनेश व लाभेश पाप वर्ग में हों, लग्न और चन्द्रमा पर पाप ग्रहों की दृष्टि हो तो पूर्ण प्रयत्न करने पर भी लाभ नहीं हो सकता।

बुध हो लग्न में और उसे चन्द्रमा तथा क्रूर ग्रह देखते हों, तो लाभ के साथ-साथ दुर्घटना अवश्य होती है।

प्रश्न-कुण्डली में उच्च राशि का गुरु (कर्क का) द्वितीय भाव में हो अर्थात् मिथुन लग्न हो, गुरु पर शुभ एवं मित्र ग्रहों की दृष्टि हो तथा लग्नेश का भाग्येश या पंचमेश के साथ इत्थशाल योग हो तो लाटरी या आकस्मिक रूप से प्रचुर धनलाभ होता है।

प्रश्न के समय यदि 3।5।7।11वें स्थान में शुभ ग्रह उपस्थित हों, इन पर शुभ या मित्र ग्रहों की दृष्टि हो तो उस दिन जुआ खेलने से लाभ होता है। उक्त स्थानों में पाप ग्रह बैठे हों या उनकी दृष्टि हो तो हानि होती है।

लग्नेश, लाभेश एवं राशीश (प्रश्नकर्ता की राशि का स्वामी) तीनों लाभ या धनस्थान में हों तथा इनको पूर्ण चन्द्रमा और पांचवें भाव का स्वामी मित्र दृष्टि से देखता हो तो व्यक्ति को लाटरी, घुड़दौड़ या जुए आदि से लाभ होता है।

बुध लाभेश होकर परमोच्चांश पर द्वितीय भावस्थ हो, उच्चाभिलाषी (मेष के) चन्द्रमा को गुरु एवं लग्नेश देखते हों तो जातक को लॉटरी, घुड़दौड़ आदि से अच्छा लाभ होता है।

लग्नेश, लाभेश, पंचमेश तीनों लग्नस्थ हों, उन पर चन्द्रमा की दृष्टि हो अर्थात् सातवें भाव में चन्द्रमा हो तथा राशीश एवं चन्द्रमा में इत्थशाल हो तो सट्टे या वायदे के व्यापार में अवश्यमेव लाभ होता है।

प्रश्न में लग्नेश से उस व्यक्ति का विचार करते हैं जिसका सामान चोरी गया है तथा सप्तम से चोर और चन्द्र, सूर्य तथा वस्तु के भावेश से चोरी गई वस्तु का विचार करते हैं।

यदि लग्नेश व दशमेश में या तृतीयेश, नवमेश एवं सप्तमेश में इत्थशाल योग हो तो किसी की सहायता से चुराया गया सामान मिल जाता है।

लग्नेश एवं चंद्रमा सप्तम भाव में पाप ग्रहों से दृष्ट हों या लग्नेश एवं दशमेश का मुथशिल योग हो तो चोरी गया कुछ माल मिलता अवश्य है।

लग्नेश व सप्तमेश पाप ग्रहों से दृष्ट हों अथवा धनेश और अष्टमेश दोनों लग्नेश व अष्टमेश से दृष्ट हों तो पुलिस की सहायता से गए धन का यथेष्ट भाग पुनः मिल जाता है।

धनेश व अष्टमेश पर चतुर्थेश की दृष्टि हो या लग्न व नवम् स्थान में शुभ ग्रह तथा सप्तम में पाप ग्रह हों तो चुराये गए धन का अधिकांश भाग मिल जाता है।

बलवान चंद्रमा लग्नस्थ तथा बलवान शुभ ग्रह लाभस्थ हों, सप्तम भाव या सप्तमेश पर पाप ग्रहों की दृष्टि हो तो चुराया गया सामान और चोर, दोनों पकड़े जाते हैं।

यदि लग्न, तृतीय, पंचम, नवम्, दशम्, एकादश स्थान में बलवान, शुभ ग्रह हो तथा पाप ग्रह केंद्र, त्रिकोण 1 |4 |7 |10 |5 |9 एवं 8 स्थान में कहीं भी न हों तो चोरी गया पदार्थ शीघ्र मिल जाता है।

प्रश्न लग्न में शीर्षोदय राशि और शुभ ग्रह हों, तथा ग्यारहवें भाव में बलवान चंद्रमा या शुभ ग्रह हो तो नष्ट पदार्थ शीघ्र मिल जाता है।

धनेश एवं चन्द्रमा में उत्थशाल योग हो या धनेश, चंद्रमा एवं लग्नेश तीनों 7वें भाव में हों तो चोरी गई वस्तु पुनः मिल जाती है।

प्रश्न-कुण्डली में चन्द्रमा जिस राशि में हो, उस राशि का स्वामी ग्रह चन्द्रमा को पूर्ण दृष्टि से देखता हो तो चोरी गयी वस्तु अवश्य मिलती है।

धनेश, लग्न में और लग्नेश धनस्थ तथा इनमें इत्थशाल योग हो अथवा लग्नेश, सप्तमेश सप्तम लग्न में हो तो भी खोई वस्तु मिल जाती है।

नौकरी

नौकरी-सम्बन्धी प्रश्न का विचार प्रश्न-कुण्डली में सदैव दशम भाव व दशमेश से किया जाता है।

प्रश्न-कुण्डली में यदि दशमेश शुभ ग्रह, स्वगृही, मित्रक्षेत्री उच्चादि होकर द्वितीय या एकादश स्थान में शत्रु दृष्ट युक्त, बलवान बैठा हो तो पृष्टा को अच्छी नौकरी मिलती है। जो नौकर है उसको पद, धन, यश, वेतन-वृद्धि शीघ्र मिलती है।

द्वितीयेश, एकादशेश में से एक या दोनों ही दशम में हों या वे दोनों ही अथवा एक दशमेश से दृष्ट या युक्त हों, या दशमेश इन दोनों में से किसी एक से या दोनों से ही दृष्ट या युक्त हो अथवा एक-दूसरे के भाव से दृष्ट या युक्त हो और साथ ही किसी-न-किसी रूप में लग्न या लग्नेश से भी संबंधित हो तो पृष्टा को श्रेष्ठ नौकरी मिलती है, पदवृद्धि होती है।

यदि दशमेश शुभग्रह, स्वगृही, मित्रक्षेत्री तथा उच्च राशिस्थ होकर 3।5 भाव में शुभ युक्त या शुभ दृष्ट बलवान हो, यदि तृतीय या पंचमेश दोनों से या एक से दृष्ट या युक्त हो या एक-दूसरे के समतुल्य स्थानान्तर के बैठने पर और लग्नेश द्वारा इत्थशाल करने पर पृष्टा, प्रतियोगिता द्वारा अपने पुरुषार्थ से सम्मानपूर्ण धन, उच्च पद से युक्त बड़ी नौकरी प्राप्त करता है।

यदि राज्येश भाग्यभाव में और भाग्येश राज्यभाव में हो अर्थात् भाग्यशः राज्येश का स्थान परिवर्तन हो या दोनों ही राज्यभाव या भाग्य भाव में हों अथवा राज्येश, भाग्येश एक-दूसरे को या एक-दूसरे के भाव को मित्र पूर्ण दृष्टि से देखते हों तो नौकरी श्रेष्ठ मिलती है।

प्रश्न के समय यदि राज्येश राज्यभाव में, भाग्येश भाग्यभाव में शुभ युक्त, शुभ दृष्ट, बलवान बैठे हों, द्वितीयेश, पंचमेश, लाभेश, लग्नेश द्वारा किसी-न-किसी प्रकार इत्थशाल योग करते हों तो परिश्रम से अच्छी नौकरी या व्यवसाय की प्राप्ति होती है।

प्रश्न-कुण्डली में यदि दशमेश लग्नेश दोनों ही लग्न में हों या दशम में हों या एक-दूसरे को परस्पर देखते हों या एक-दूसरे के भाव को देखते हों तो परीक्षार्थी प्रथम श्रेणी में उत्तीर्ण होता है।

यदि लग्नेश तथा दशमेश परस्पर दृष्ट या युक्त होकर 5 या 9वें में हों तो तृतीय श्रेणी से परीक्षार्थी उत्तीर्ण होता है।

जब द्वितीयेश का उपर्युक्त ग्रहों से इसी प्रकार पूर्ण संबंध होता है तो परीक्षार्थी मौखिक परीक्षा में भी उत्तम, मध्यम व अन्य श्रेणी लेकर उत्तीर्ण होता है।

रोगी–रोग प्रश्न

आपका प्रश्न-लग्न ही वैद्य है, डॉक्टर है, हकीम है। दशम भाव पर गहरी नजर डालें, छठे व सप्तम भाव से रोग का विचार, चतुर्थ भाव से निदान एवं औषधि-सेवन का विचार करें।

प्रश्न-कुण्डली में यदि लग्न या लग्नेश शुभ राशि युक्त केन्द्र में शुभ ग्रह से दृष्ट या युक्त हों तो समझें कि इलाज करनेवाला योग्य व्यक्ति है। उनके इलाज से रोगी समय पर ठीक हो जायेगा।

लग्न या लग्नेश त्रिक या आपोक्लिम स्थानों में पाप ग्रहा से दृष्ट या युक्त या शत्रु राशि के या केन्द्रादि में निर्बल पाप दृष्ट युक्त, पाप पीड़ित हों तो इलाज करनेवाला डॉक्टर योग्य नहीं है। उन्हें बदल दें। लग्न चर राशि का हो और लग्नेश भी चर राशि में बैठा हो तो निश्चय ही स्थान-परिवर्तन

या शहर, ग्राम- परिवर्तन से रोगी भली प्रकार स्वास्थ्यलाभ कर सकता है।

चतुर्थ भाव में अशुभ राशि हो, अशुभ ग्रह से दृष्ट युक्त हो और चतुर्थेश अशुभ ग्रह, अपने शत्रुओं से दृष्ट या युक्त हो तो उचित औषधि भी प्रभावी नहीं होगी।

चतुर्थ भाव में शुभ राशि हो, शुभ ग्रह से दृष्ट युक्त हो और चतुर्थेश शुभ ग्रह अपने मित्र शुभ ग्रहों से दृष्ट या युक्त हो तो नाममात्र के औषधि-सेवन से रोगी शीघ्र ही आराम पा जाता है। शान्ति से कार्य करते रहने पर इलाज कर्ता को धन-यश-मान-प्रतिष्ठा प्राप्त होगी।

प्रश्न-कुण्डली में यदि दशम स्थान शुभ राशि सौम्य ग्रहों से दृष्ट व युक्त हो तो निदान ठीक हुआ है एवं इलाज भी ठीक हो रहा है—ऐसा समझें। परहेज ठीक है। रोगी शीघ्र ठीक हो जायेगा।

दशम भाव में अशुभ राशि पाप दृष्ट, पाप युक्त हो या दशमेश शत्रु राशि का अशुभ स्थान में शत्रु-पाप-क्रूर-नोचास्तादि ग्रहों से दृष्ट व युक्त हो तो समझें कि रोगी अपनी भूल या बदपरहेजी से रोग को बढ़ा ही रहा है। उसका अच्छा होना संभव नहीं है। खान-पान पर रोक होनी चाहिए।

यदि प्रश्न के समय लग्नेश लग्न में सौम्य ग्रह, मित्र सौम्य दृष्ट युक्त बलवान बैठा हो तो उसी समय रोगी की बैचेनी, हडकल, दर्दादि में कमी होने लगती है।

पाप ग्रह के लग्न में पाप, क्रूर, अस्त, नीच, वक्री, शक्तिहीन, शत्रु ग्रह से दृष्ट युक्त होने पर रोगी की दशा बिगड़ती जायेगी और रोग गुरुतर होता जायेगा। अतः आवश्यकता पड़ते ही तीमारदारी, सेवा करनेवाले को चाहिए कि रोगी की दवाई, वैद्य, स्थान-परिवर्तन का यथा साध्य ध्यान रखें और परहेज पर बल दें।

यदि लग्नेश्वर का चंद्रमा से केन्द्रस्थ योग हो या शुभ-मित्र ग्रहों से दृष्ट-युक्त हो या केन्द्रस्थ चंद्रमा+लग्नेश शुभ ग्रह दृष्ट युक्त हों परन्तु किसी भी पाप, क्रूर, वक्री, नीचस्थ, शत्रु व अष्टमेश, सूर्यादि ग्रह की दृष्टि से रहित हो या स्वगृही चंद्रमा मित्र शुभ ग्रहों से 4-10 स्थान पर दृष्ट-युक्त हो तो रोगी को शीघ्र आराम होता है। वक्री ग्रह के लग्नगत होने पर फिर विकार होने का भय है और शुभ दृष्ट-युक्त होने पर सुपथ्य औषधि से शान्ति प्राप्त होगी।

भूमिगत, नष्टगत, पतित, भूली, अपहृत वस्तु या धन का प्रश्न

प्रश्न-कुण्डली में भूमिगत धन का स्थान चौथा होता है अतः जब चतुर्थेश, चतुर्थ स्थान में हो या चौथे भाव को देखता हो या पूर्ण निर्दोष चंद्र

चतुर्थ भाव में हो तो गाड़ा गया धन अपने ही स्थान पर सुरक्षित रहता है।

यदि प्रश्न लग्न में स्थिर राशि हो या लग्न में स्थिर राशि का नवांश हो या लग्न सर्वोत्तम हो तो नष्ट वस्तु किसी घर के ही व्यक्ति के पास है। इसके प्रतिकूल होने पर किसी अन्य व्यक्ति द्वारा अन्य स्थान को ले जायी जा चुकी है, ऐसा समझें।

प्रश्न लग्न में पूर्ण निर्दोष चन्द्रमा हो या शीर्षोदय 5 ।6 ।7 ।8 ।11 लग्न गत कोई बलवान शुभ ग्रह, किसी शुभ बली ग्रह से दृष्ट हो या लाभेश लाभ स्थान में निर्दोष हो तो खोई हुई वस्तु का शीघ्र पता लगता है।

प्रश्न लग्न के प्रथम द्रेष्काण में खोई हुई वस्तु घर के बाहरी द्वार के पास, दूसरे द्रेष्काण में खोई वस्तु घर के अन्दर और तीसरे द्रेष्काण में खोई वस्तु घर के पश्चिमी भाग में प्राप्त होती है या घर के पीछे है। यदि प्रश्न लग्नेश और सप्तमेश लग्न में हों या दोनों का इत्थशाल योग हो तो पतित धन की शीघ्र प्राप्ति होती है।

जिस राशि पर चंद्रमा हो वही राशीश यदि चंद्रमा को पूर्ण दृष्टि से देखता हो तो नष्ट धन की प्राप्ति होती है।

1 ।2 ।3 ।4 ।5 ।9 ।10 ।11 भाव में यदि बलवान शुभ ग्रह हों और केंद्र-त्रिकोण में पाप ग्रह न हों तो नष्ट वस्तु की प्राप्ति होती है। उपर्युक्त स्थानों पर पाप ग्रह होने से अपहृत वस्तु का लाभ नहीं होता।

यदि सप्तमेश 2 ।4 ।11 में मित्र गृही बैठा हो तो भूमिगत धन प्राप्त होता है।

चतुर्थ भाव में क्रूर ग्रह होने पर धरागत धन नहीं मिलता। सप्तम मंगल, अष्टम सूर्य, लग्नस्थ राहु में पृथ्वी से धन नहीं मिलता। 2 ।7 ।8 ।10 भावों में चंद्रमा और बृहस्पति उच्च या स्वराशिस्थ हों या लग्नेश 7वें, सप्तमेश लग्न में हो तो भूला हुआ धन अवश्य मिलता है। पूर्ण चंद्र लग्न में, मित्र शुभ ग्रह या मित्र दृष्ट सूर्य से युक्त हो तो, या लग्न गत लाभेश और लग्नेश का इत्थशाल योग हो या 2 ।3 ।5 में स्वगृही शुभ ग्रह हो तो लाभ होता है।

केंद्र, त्रिकोण, अष्टम, द्वितीय भाव में पाप ग्रह शुभ दृष्ट युक्त न हो तो धन की प्राप्ति नहीं हो सकती।

लग्न में यदि पाप ग्रह की राशि पाप ग्रहों से दृष्ट युक्त हो तो नष्ट धन की प्राप्ति नहीं हो सकती।

प्रश्न (i) कुण्डली में यदि सूर्य बली हो तो पूर्व दिशा में वस्तु-धनादि हैं?

(ii) कुण्डली में यदि चंद्र बली हो तो वायव्य में वस्तु-धनादि हैं?

(iii) कुण्डली में यदि मंगल बली हो तो दक्षिण में वस्तु-धनादि हैं?

(iv) कुण्डली में यदि बुध बली हो तो उत्तर में वस्तु-धनादि हैं?

(v) कुण्डली में यदि गुरु बली हो तो ईशान में वस्तु-धनादि हैं?

(vi) कुण्डली में यदि शुक्र बली हो तो अग्निकोण में वस्तु-धनादि हैं?

(vii) कुण्डली में यदि शनि बली हो तो पश्चिम में वस्तु-धनादि हैं?

(viii) कुण्डली में यदि राहु बली हो तो नैऋत्य वस्तु-धनादि हैं?

(ix) केन्द्रस्थ सर्वाधिक बली ग्रह द्वारा दिशा का निश्चय करें?

प्रवासी का आगमन

वह स्त्री या पुरुष जो स्वजन समुदाय को त्यागकर अन्यत्र प्रस्थान कर जाता है वह प्रवासी कहा जाता है। कुछ समय तक जब उसका पता नहीं चलता, पत्र नहीं आता तो घरवालों को उसकी चिन्ता होती है। उस समय चिन्तातुर संबंधी ज्योतिषी के पास जाकर उसकी कुशल-क्षेम पूछते हैं।

यदि प्रश्न-कुण्डली में चर लग्न हो और उसमें चर राशि का 6 ।7 ।8 ।9 नवांश हो तो पृष्टा के मन में प्रवासी की चिन्ता होती है और तत्काल क्रूर मंगल आदि ग्रह सप्तम से अष्टम भाव में जाने वाले हों परन्तु अष्टम से वक्री होकर सप्तम में न आते हों तो प्रवासी के घर पर लौटकर आने की चिन्ता होती है।

यदि वक्री ग्रह सप्तम में लौटकर आनेवाला हो तो प्रवासी शीघ्र ही लौट कर आयेगा ऐसा समझें। परन्तु यहां नक्षत्र के वक्री होने से ग्रह का वक्री होना—यह विचार लेना चाहिए।

यदि लाभेश और दशमेश लाभ स्थान में हों या धनेश-सहजेश भाग्य स्थान में हों तो प्रवासी अपने कार्य की सिद्धि करके धन-धान्यपूर्ण होकर शीघ्र ही घर को आता है।

यदि लग्नेश, धनेश और चंद्रमा शुभ हों और बलवान होकर केंद्र-त्रिकोण में बैठकर लग्न को या स्वगृह या अपने उच्च स्थान को या शुभ ग्रह को देखते हों तो प्रवासी सुखपूर्वक आता है। यदि पाप ग्रह केंद्र में हो या केन्द्रों को देखते हों तो अशुभ फल होता है।

लग्नेश और लगनस्थ का इत्थशाल हो तो प्रवासी कुशलता पूर्वक

धन-धान्य से पूर्ण घर को आता है और जो लग्नेश का सप्तमस्थ, चतुर्थस्त ग्रह से इत्थशाल हो तो प्रवासी कष्टमय जीवन व्यतीत करके अपने घर को लौटता है।

यदि प्रश्न लग्नेश 3 ।9 भाव में बैठकर लग्नस्थ ग्रह से इत्थशाल करे तो

अथवा

लग्नेश 2 ।8 में बैठकर दशमस्थ ग्रह से इत्थशाल करता हो या केन्द्रस्थ दशमेश से इत्थशाल करता हो, या

वक्री लग्नेश, लग्न या चंद्रमा को देखता हो या वक्री ग्रह से इत्थशाल करता हो, या

लग्नेश द्वादशस्थ स्थान से चन्द्रमा से इत्थशाल करे, या

लग्नेश लग्न से, मातृ भाव से, किसी बलवान शुभ ग्रह से, दूसरे या तीसरे स्थान में चर राशि के चंद्रमा से दृष्ट बैठा हो तो प्रवासी घर आने के लिए गाड़ी पर सवार हो चुका है। शीघ्र ही पहुंचेगा।

प्रश्न कुण्डली में यदि—

मित्र चर राशि का गुरु केन्द्रस्थ हो,

6 ।7 स्थान में चर राशि का कोई भी ग्रह हो,

5 ।9 स्थान में शुक्र बली हो,

3 ।6 ।11 स्थान में पाप ग्रह हो,

1 ।4 ।5 ।7 ।9 ।10 भाव में शुभ ग्रह हो,

लग्न में चर राशि, चतुर्थ चंद्रमा बली हो, चर राशि नवांशगत प्रश्न हो, या

केन्द्र में शुभ ग्रह हो, पाप दृष्ट-युक्त न हो और अष्टम चंद्र बली हो या 2 ।3 भावस्थ गुरु-शुक्र हो और सूर्य, बुध, गुरु, शुक्र में से कोई 11वें भाव में हो तो प्रवासी अपना कार्य करके शीघ्र घर पहुंच जाता है।

प्रश्न-कुण्डली में बुध, गुरु, शुक्र और पूर्ण चन्द्रमा में से कोई भी शुभ ग्रह, पाप पीड़ित न होकर बिलकुल निर्दोष, स्वक्षेत्री, दशम भाव में हो तो प्रवासी को स्वेच्छानुसार नौकरी, व्यापारादि से द्रव्य, वस्त्र, अर्थ, जय व हर्ष की प्राप्ति होती है।

पापाक्रान्त होने पर वन्धनादि भय बना रहता है।

प्रश्न में तृतीय भाव पाप ग्रह युक्त हो व आठवां सूर्य शुभ दृष्ट युक्त हो तो प्रवासी देश-देशान्तर की सैर करता है और जब लग्न में भाग्येश व 1 ।2 ।3 ।4 ।7 ।10 भाव में लग्नेश, धर्मेश दोनों ही लग्नस्थ हों या लग्नेश भाग्येश का इत्थशाल हो या नवमेश लग्न में आये तो यात्रा होती है।

यदि प्रश्न कुण्डली में लग्नेश और चन्द्रमा के साथ सप्तमेश का इत्थशाल हो या लग्नेश और चन्द्रमा सप्तम स्थान में मित्रक्षेत्री, उच्च के, स्वगृही, पाप दृष्टि युति रहित निर्दोष बैठें हों तो, या

लग्नेश और चन्द्रमा का सप्तमेश के साथ कम्बूल योग शुभ मित्र गृह की दृष्टि-युति से मुक्त हो, या

तृतीयेश; लग्नेश तथा चन्द्रमा का चर राशि ग्रह सातवें स्थान पर इत्थशाल योग हो, या

सूर्य-बुध का सप्तमेश के साथ इत्यशाल योग 5 I9 स्थान में मित्र ग्रह की दृष्टि से दृष्ट हो तो निश्चय ही पत्र जिसे प्रेषित किया गया था उसके पास पहुँच गया है।

क्रय-विक्रय

प्रश्न-कुण्डली में क्रय-विक्रय का विचार करने से पहले समर्थ-महर्ष का विचार कर लेना उचित है।

सर्वोच्च, मित्र राशिस्थ शुभ ग्रह जितने दिन लग्न में रहता है उतने ही मास तक समर्थ रहता है। इसी प्रकार पाप ग्रह ने सर्वोच्च मित्र राशिस्थ लग्न में रहने के दिनांकानुसार उतने ही माह तक महर्ष रहता है।

लग्न, लग्नेश तथा लग्नस्थ राशि के वलाबलनुसार क्रय-विक्रय ग्रह वस्तु का विचार करना चाहिए।

जिस महीने की पूर्णिमा या अमावस्या का चन्द्रमा शुभ मित्र ग्रहों से दृष्ट युक्त हो तो निश्चय ही उस माह में बड़ा ही उग्र समर्थ होता है और पूर्वोक्त चन्द्रमा यदि शत्रु पाप ग्रहों से युक्त दृष्ट हो तो उग्र महर्ष होता है। यदि शुभाशुभ मित्र ग्रहों से दृष्ट युक्त हो तो उस मास में मिश्र फल होता है।

यदि लग्न बली अपने अधिपति से दृष्ट या युक्त हो और केन्द्रवर्ती सभी ग्रह हों तो इष्ट वस्तु का समर्ध होता है। निर्बल लग्न अपने स्वामी से दृष्ट युक्त हो और समस्त केंद्र पापाक्रान्त हो तो इष्ट वस्तु का महर्ष होता है और पाप ग्रह जितने दिन तक पाप ग्रहों से दृष्ट या युक्त लग्न या छठे स्थान पर रहते हैं उतने ही दिनों तक वस्तु का महर्ष रहता है।

प्रश्न-कुण्डली में लग्नेश खरीदने वाला और लाभेश विक्रेता समझा जाता है। लग्न के बली होने पर क्रय-विक्रय अर्थात् किसी वस्तु का समर्थानुसार मोल लेना व बेचना अच्छा रहता है।

प्रश्न-कुण्डली में लग्नेश और सप्तमेश का इत्थशाल, चन्द्रमा के सहयोग से हो तो उसी समय वस्तु की खरीद करनी चाहिए और जब उन दोनों का इशराफ योग हो तो बेच देनी चाहिए। जिस ग्रह का चन्द्रमा के साथ

इशराफ योग हो और वह ग्रह सूर्य के साथ होने के कारण अस्त हो गया हो तो पर व्यक्ति को वस्तु प्रदान करें। बाजार के अतिरिक्त किसी भी शत्रु द्वारा उस वस्तु के लेने पर उसका अनिष्ट हो जाता है।

शुभ समर्ध के साथ यदि लाभ भाव बलवान हो और लाभेश उच्च या मित्रगृही होकर धनभाव में शनि दृष्टि रहित बैठा हो, साथ ही पूर्ण चन्द्रमा या बृहस्पति की शुभ दृष्टि योग हो तो पृष्टा को निश्चय ही वस्तु के बेचने पर प्रचुर धनलाभ होता है।

यदि लग्न बली अपने अधिपति से दृष्ट या युक्त हो और केन्द्रवर्ती सभी शुभ ग्रह हों तो इष्ट वस्तु का समर्ध होता है। निर्बल लग्न अपने स्वामी से दृष्ट युक्त हो और समस्त केंद्र पापाक्रान्त हो तो इष्ट वस्तु का महर्ष होता है और पाप ग्रह जितने दिन तक पाप ग्रहों से दृष्ट या युक्त लग्न या छठे स्थान पर रहते हैं उतने ही दिनों तक वस्तु का महर्ष रहता है।

लाभालाभ-मित्रलाभ

प्रश्न-कुण्डली का निर्माण कर देखें। उसमें यदि लग्नेश, लाभेश मित्र ग्रहों से दृष्ट हों या लग्नेश लाभ में व लाभेश लग्न में हो या लग्नेश और लाभेश दोनों ही मित्र ग्रह हों, या

लग्नेश और लाभेश दोनों ही केंद्र में मित्रक्षेत्री हों, अथवा

2।3।5।9।22 भाव में एक दूसरे के इत्थशाल में पापाक्रान्त न हों मित्र शुभ ग्रहों से दृष्ट हों, या

पूर्ण चन्द्रमा इत्थशाल योग को पूर्ण करता हो, या

चतुर्थेश और लग्नेश, लाभेश, धनेश का मित्र दृष्टि योग हो कोई ग्रह शत्रु रूपेण बाधक नहीं हो।

षष्ठेश की दृष्टि युति तथा इत्थशालादि योग न होने पर दोनों मित्रों की नाम राशि में शत्रुता न होने पर मित्रों से मित्रता बढ़ती है।

किसी कार्य के करते समय लाभ राशि में सम और मित्र राशियां लेनी चाहिए चन्द्रमा का बल लाभेश, धनेश तथा बृहस्पति की दृष्टि-सहयोग होने से मित्रता निभती, प्रीति बढ़ती है।

एक ही नाम व नाम राशि की मित्रता ठीक प्रकार से निभती है उसका अंतिम परिणाम अच्छा नहीं निकलता।

मित्रता करते समय योनि, गण, जाति, वर्ण का पूर्ण विचार करना चाहिए। एक जाति, एक वर्ण, एक योनि, एक ही गण में मित्रता समयानुकूल प्रश्न द्वारा ग्रह गोचर का विचार करके जो की जाती है, ठीक रहती है

धन-लाभ

प्रश्न-कुण्डली में यदि धनेश उच्च का सौम्य ग्रहों से युक्त दृष्ट हो और शुभ स्थान पर रहते चन्द्रमा या लग्नेश से इत्थशाल करता हो तो, अथवा

धनेश + लग्नेश + पूर्णचंद्र एक साथ 2 ।5 ।9 भाव में से किसी भी भाव में एक साथ बैठे हों, या

उक्त अलग-अलग स्थानों से एक दूसरे को देखते हों, या

सभी शुभ ग्रह पूर्ण चंद्र के साथ 1 ।2 ।4 ।5 ।7 ।9 ।10 ।11 स्थानों पर अपने उच्च के या स्वगृही, पाप दृष्टि रहित बलवान हों, या

उच्च का शुक्र 1 ।5 स्थान में मित्र शुभ ग्रह से दृष्ट या चतुर्थ स्थान में स्वगृही या उच्च का ग्यारहवें पाप दृष्टि रहित हो, या

लग्नेश, लग्न में हो या उच्च का कर्म स्थान में या लग्नेश, कर्मेश से दृष्ट हो और मित्र शुभ ग्रह से दृष्ट हो तो प्रश्नकर्ता को खूब धनलाभ होता है।

प्रश्न काल में यदि लग्नेश, धनेश और चन्द्रमा पूर्ण बलवान होकर पाप-दृष्टि रहित, धन भाव में स्थित हो, या

बृहस्पति तथा धनेश दोनों यदि शुक्र व बुध से युक्त या दृष्ट हो तो, अथवा

पूर्ण चन्द्रमा उच्च या स्वगृही शुभ मित्र से दृष्ट युक्त हो और पापाक्रान्त न होकर 2 ।9 ।11 स्थान में निर्दोष बली हो तो, या

शुभ ग्रह उच्च या स्वगृही हो 1 ।2 ।5 ।9 ।10 ।11 भाव में पाप दृष्टि रहित बलवान हो और पूर्ण चंद्र से दृष्ट हो तो पृष्टा को शीघ्र धनलाभ होता है।

प्रश्न-कुण्डली में यदि बलवान शुभ ग्रह केन्द्र में हों या भाग्य भाव में अपने उच्च के या अपने घर के हों, या

लग्नेश लग्न में बैठकर लग्नेश से इत्थशाल करता हो, या

लग्नेश, धनेश का पृथक्-पृथक् लाभेश्वर से इत्थशाल हो तो मनुष्य को धनलाभ होता है।

पाप ग्रह बलवान हो और पूर्व योग में दृष्टि, युति, सहयोग करते हों तो धन-प्राप्ति के साथ दुर्घटना होती है।

धनस्थ क्रूर ग्रहों की सौम्य मित्र ग्रहों की दृष्टि-युति हो तो परदेश से बहुत समय के बाद अल्प धन-लाभ होता है।

प्रश्नों का उत्तर किस प्रकार देखें?

इस पुस्तक में से आपको सुबह छः बजे से शाम के 5-59 बजे तक किसी भी समय में पूछे गए प्रश्न का ठीक जवाब मिलेगा। शाम को छः बजे के बाद उत्तर देखना नहीं चाहिए, ऐसा शास्त्र संकेत है।

जीवन के महत्त्वपूर्ण कुल 13 समस्याओं के बारे में जवाब देने का प्रयत्न किया गया है। ठीक उत्तर पाने के लिए कौन-से ग्रह कारण बने हैं— उनका भी अनेक स्थान पर निर्देश किया है। इस पुस्तक का गहरा अध्ययन कर स्वयं के कुछ नए तंत्र बनाने की इच्छा हो तो ऐसे पाठकों के लिए यह पुस्तक अधिक उपयोगी होगी।

प्रश्न अचानक देखें। प्रश्न पूछने का समय रेडियो समयानुसार हो।

प्रति घंटे में छः या सात बार हर नौ मिनट से वे ही ग्रह त्रिकोण में जाते हैं। 7 l2, 7 l11, 7 l20, 7 l29, 7 l38, 3 l47, और 7 l46, इन समयों में पूछे गये प्रश्नों के उत्तर त्रिकोण में वे ही ग्रह होने से वे ही समझना चाहिए। दूसरा उदाहरण देखें—सुबह, 7 l4, 7 l13, 7 l22, 7 l31, 7 l40, 7 l49, 7 l58—इस समयों में पूछे गये प्रश्नों के उत्तर वे ही आयेंगे। संक्षेप में 9 मिनट की समाप्ति के बाद अगले 10 अंक से मिनट का एकांक करें। 1 से 9 इतना ही आयेगा। इस प्रकार घंटे और मिनट के उत्तर देखे जा सकते हैं।

त्रिकोण के मध्य पर ग्रह अधिक प्रभावी होता है। बाद में सिरे का और बाद में पैर के बांये तरफ का ग्रह प्रभावी समझें। पैर के दाहिनी तरफ का ग्रह क्षीण अवस्था में होता है। उसके गुण-धर्म का अच्छा या बुरा परिणाम अल्प होता है।

दोपहर 12 बजे के बाद पैर के दाहिने तरफ का ग्रह प्रभावी और बायीं तरफ का ग्रह क्षीण होता है। अतः दोपहर 12 बजे के बाद त्रिकोण निकालते समय पैर के ग्रह में बदल दिया है। अतः प्रश्न के जवाब में भी फर्क पड़ा है। उदाहरण के तौर पर सुबह 11 l23 और दोपहर को 2 l23—इस समय में पूछे गए प्रश्न पत्रिका के ग्रह वे ही होंगे। परन्तु 2 l23 इस समयानुसार प्रश्न-पत्रिका के पैर के बायीं तरफ का प्रभावी ग्रह क्षीण हो गया तो दाहिनी तरफ का क्षीण ग्रह प्रभावी बन गया।

प्रश्न का उत्तर देखते समय मन को अस्वस्थ न होने दें और बड़ी श्रद्धा से प्रश्न का जवाब देखें। बहुत महत्त्वपूर्ण प्रश्न का उत्तर पाने के लिए इस

ग्रंथ का उपयोग करें। इस ग्रंथ पर से स्वयं का या अन्य किसी व्यक्ति का प्रश्न देखा जा सकता है। ग्रंथ को हमेशा पवित्र स्थान पर रखें।

किसी गंभीर प्रश्न का चिंताजनक उत्तर बन जाए तो भी घबरायें नहीं। शायद तुम्हारे प्रश्न का समय ठीक न होगा—यह समझें। और संकट निवारणार्थ भगवान की अनन्य भाव से प्रार्थना करें। संकट टल जायेगा।

ग्रहों के गुणधर्म

अपने ग्रहमाला में जो नौ ग्रह हैं, उनके गुणधर्म क्या हैं? और उनका मानव-जीवन पर क्या प्रभाव होता है? इसकी जानकारी होना आवश्यक है। इस ग्रंथ का मूलाधार अंकशास्त्र है फिर भी वह अंक कौन-से ग्रह का कारक है इनका विचार कर अंकशास्त्र और ग्रहों में मेल बैठाया है। प्रश्न ज्योतिष में समय का ग्रहों में रूपांतर कर उस ग्रह के गुणधर्मानुसार क्या फल मिलेगा? इस बारे में विस्तार से वर्णन किया है। अब नौ ग्रहों के गुणधर्म क्या हैं, इनकी जानकारी देखिये—

चन्द्र—यह भाग्य का कारक ग्रह है। वृषभ राशि का चंद्र लाभस्थान में होना, यह भाग्य की बात है। चंद्र सट्टा, लाटरी, रेस, का अधिष्ठित देवता है। चन्द्र के प्रभाव के कारण अनायास द्रव्य-लाभ होता है। चंद्र का पानी से संबंध होने से उसका आंखों पर प्रभाव पड़ता है। जिनका चन्द्रमा प्रभावी होता है, ऐसे व्यक्ति अंतर्जल, जलोदर, अस्थमा इत्यादि व्याधि से त्रस्त हो सकते हैं। उन्हें पागल कुत्ते, विषधर, आदि से भय रहता है। चन्द्रमा विदेश-गमन का कारक ग्रह है। चन्द्रमा बचपन में मनुष्य को सुखी रखता है। चन्द्रमा कला, संगीत इत्यादि में रुचि उत्पन्न करता है। लेकिन ऐसे व्यक्ति स्त्री लंपट होते हैं। धनप्राप्ति, यश, सट्टे की आदत ये बातें चंद्र प्रभाव में अवश्य होती हैं।

मंगल—स्थावर मिल्कियत, भूमिगत द्रव्य, शौर्य, लड़ाकू प्रवृत्ति, इन सबका यह ग्रह है। सेना, पुलिस में नौकरी करनेवालों की पत्रिका में दशम स्थान पर मंगल की प्रतियोग दृष्टि होती ही है। शस्त्र वैध की पत्रिका में उपर्युक्त योग होता है। मंगल रक्तपात, अमीनिया, रक्तदाब इत्यादि का कारक ग्रह है। मंगलप्रधान व्यक्ति सीधे-सरल, भोले-भाले, आदरशील होते हैं। ऐसे लोगों पर पूर्ण भरोसा किया जा सकता है। वे कभी किसी को धोखा नहीं दे सकते। ये लोग शरीर से तंदुरुस्त होते हैं। बीमार हो भी जाएं तो दवा का विशेष प्रभाव नहीं होता। कठोर स्वभाव और नीतिमत्ता ये इनके मानचिह्न हैं।

बुध—यह संपति और व्यापार का कारक ग्रह है। जिनकी जन्म पत्रिका में बुध प्रभावी है, वे बुद्धिमान, व्यवहारकुशल और दूर दृष्टिवाले होते हैं।

बड़प्पन, सभ्यता और संस्कृति के ये सूचक होते हैं। स्वभाव शर्मीला रहता है। इन्हें न्यूनगंड की बाधा रहती है। प्रभावी बुधवाले व्यक्ति को अत्यधिक श्रम एवं कष्ट सहना पड़ता है तब कहीं संपत्ति प्राप्त होती है। घर छोड़कर जाना इन्हें रुचता ही नहीं। बुध प्रधान व्यक्ति वृद्धावस्था में आर्थिक दृष्टि से सुखी रहते हैं—ऐसा अनुभव है।

गुरु—यह ग्रह उच्च संस्कृति, अधिकार योग, धार्मिक प्रवृति और सामाजिक प्रतिष्ठा का कारक है। प्राध्यापक, उच्च अधिकारी गुरु के प्रभाव में आते हैं। जिनका गुरु प्रभावी है, ऐसा व्यक्ति शान्त स्वभाव और संतोषी वृत्ति का होता है। विद्वान और अन्य सद्गुणों से युक्त होने पर भी अभिमानरहित एवं नम्र बने रहेंगे। ज्ञानमार्ग की ओर लगाव रहता है। उत्तम वक्तृत्व, वकील और प्रवचनकार के नाम से ख्याति पाते हैं। सत्प्रवृत्त होने के कारण चरित्र स्वच्छ रहता है। किसी भी प्रकार के व्यसन से अलिप्त रहते हैं। घूसखोरी से हमेशा दूर रहते हैं! ऐसे व्यक्ति खा-पीकर सुखी रहते हैं, भले ही अप्राप्य सम्पत्ति न मिले। इनकी जन्म-पत्रिका में दशम स्थान में उच्चतम का गुरु रहना बहुत शुभ माना गया है।

शुक्र—शुक्र संगीत, अन्य कला और लैंगिक आयु का देवता है। निर्बल शुक्र शारीरिक बलहीनता और नपुंसकत्व दर्शाते हैं। प्रभावी शुक्र वाले व्यक्ति विरुद्ध लिंग के व्यक्ति की ओर आकर्षित होते हैं। ऐसे व्यक्ति सामान्यतः सौंदर्य सम्पन्न होते हैं। इनकी वाणी बड़ी मोहक होती है। रहन-सहन विलासमय बना रहता है। और उसके लिए खर्च भी खुद ही करते हैं। ऐसे लोग बड़े भावना-प्रधान होते हैं। स्त्रियोचित गुण इनमें दिखाई देते हैं। इन्हें मां, बहन, पत्नी, सहेली से अपार सुख मिलता है। शुक्र, बुध और चित्रकार होते हैं।

शनि—यह आधिभौतिक सुख का कारक है। परन्तु प्रभावी अवस्था में यह वैभवशाली जीवन में सुखदायक बनता है। गूढ़ शास्त्र अद्वितीय ज्ञान आदि बातों का यह कारक है। ज्योतिष, हस्तसामुद्रिक, तन्त्र और परलोक विद्या में जिन्हें रुचि होती है, उनकी पत्रिका में शनि बलवान होता है। शनि ऐहिक भोग का कारक ग्रह है। शनिप्रधान व्यक्ति बड़े विलासी होते हैं। कुसंगति के कारण चारित्र्यहानि होने की संभावना आजीवन बनी रहेगी। शनि और चंद्र प्रभावी ग्रह पत्रिका में युति योग या त्रिकोण योग में हो तो ऐसे व्यक्ति को सट्टा, लाटरी, रेस इत्यादि से धनप्राप्ति होती है। शनि प्रधान व्यक्ति बुढ़ापे में आर्थिक दृष्टि से सुखी रहते हैं। ऐसा अनुभव है।

रवि—यह ग्रह सब ग्रहों का स्वामी है। दुर्दम्य महत्त्वाकांक्षा, इच्छापूर्ति, सरकारी नौकरी, अधिकार और सत्ता, प्रभावी व्यक्तित्व और दीर्घायु इनका यह ग्रह कारक है। पत्रिका में दशम-स्थान में, लाभस्थान में या तृतीय स्थान

में रवि हो तो वह उस व्यक्ति का निश्चित भाग्योदय करता है। रवि-प्रधान व्यक्ति हमेशा तेजस्वी वृत्ति के कारण और स्वाभिमानी होते हैं, उनका दूसरों पर तुरन्त प्रभाव पड़ता है। संन्यासी और विरक्त व्यक्ति की पत्रिका में रवि ग्रह बहुत प्रभावी रहता है। रवि प्रधान व्यक्ति बहुत कम बीमार होते हैं। उनका सारा जीवन बड़ा सौम्य रहता है। दुःख, निराशा उनके पल्ले नहीं आती। रविप्रधान व्यक्ति व्यापार या व्यवसाय नहीं करते। लेकिन बुद्धिप्रधान व्यवसाय में खूब कीर्ति प्राप्त करते हैं। महान राजकारक करनेवाला व्यक्ति रविप्रधान होता है।

हर्षल—इस ग्रह के गुणधर्म मंगल ग्रह के अनुसार ही होते हैं। शीघ्रता, आकस्मिकता से गुणधर्म अधिक होते हैं। हर्षल ग्रह की लोहे पर सत्ता होने से हर्षलप्रधान व्यक्ति शरीर से बलवान होते हैं। ऐसे व्यक्ति बुद्धि और रूप से कुरूप होते हैं। कला, काव्य और गायन तो इनके लिए सिरदर्द ही होता है। हर्षलप्रधान व्यक्ति कारखाने इत्यादि में काम करते हैं। शेयर्स का व्यवसाय करनेवालों को लोहेवाली कम्पनियों के कारोबार में खूब मुनाफा होता है। प्रभावी शनि और प्रभावी हर्षल इस प्रकार दोनों एक ही समय में दोनों का प्रभावी होना पत्रिका में संभव नहीं। हर्षल की प्रभावशीलता, गुरु, शनि और आसपास के ग्रहों के गुणधर्म में आकस्मिकता—यह एक अधिक गुण निर्माण करता है।

नेपच्यून—यह ग्रह साधु और विरक्त वृत्ति का ग्रह माना गया है। प्रभावी अवस्था में वह व्यक्ति साधु बन जाते हैं। नेपच्यून प्रभावी व्यक्ति पूर्ण दीर्घायु होते हैं। लेकिन वृद्धावस्था में बहुत अस्वस्थ हो जाते हैं। परिवार से दूर रहना, विलास से दूर रहना, सादा और सरल रहन-सहन—ये दोनों इस ग्रह के प्रभाव में आते हैं। द्रव्य का मोह नहीं होता। संतोषी प्रवृत्ति के व्यक्ति होंगे। यह जीवन की महत्त्वपूर्ण घटनाओं में विलम्ब करता है। कई बार ऐसे व्यक्ति ब्रह्मचारी रहते हैं। नेपच्यूनप्रधान व्यक्ति अधिक योग्य होते हुए भी नम्र और अहंकार रहित होते हैं। ऐसे लोगों को ऊंचाई पर से गिरने का डर रहता है। सपने में वे अपने-आपको हवा में उड़ता देखते हैं। ये लोग शरीर से ऊंचे होते हैं। इनकी नाक बड़ी होती है। पैर वक्र और छोटे होते हैं। नेपच्यून-प्रभावी व्यक्ति उद्योग-व्यवसाय में यशस्वी नहीं होते। फिर भी उन्हें मानसिक शांति और आनन्द का पूर्ण लाभ मिलता है।

पाठकों, उपर्युक्त ग्रहों के गुणधर्म ध्यान में रखें। अब अगले प्रकरण में कौन-से अंक की कौन-से ग्रह पर सत्ता चलती है, यह देखकर त्रिकोण बनावें और अंकों के अनुसार ग्रह लिखकर प्रश्न-पत्रिका पर से भविष्य किस प्रकार बतावें इसका विवेचन करूंगा।

किसी भी प्रश्न-कुण्डली का काल समय 9 मिनट का होता है। यह खूब अच्छी तरह से जान लें। प्रश्न-कुण्डली से अधिक-से-अधिक 3 प्रश्नों का उत्तर ही दें, ऐसा शास्त्र-संकेत है। जिनकी जन्म-पत्रिका भी नहीं है और न ही जन्म दिनांक एवं समय मालूम है उन लोगों के लिए यह पुस्तक अत्यन्त उपयोगी है। पाठक इस पुस्तक का अध्ययन कर स्वयं के भी कुछ सुझाव दें, ऐसी आशा है।

त्रिकोण

पिछले प्रकरण में नौ ग्रहों के गुणधर्मों का संपूर्ण वर्णन किया गया है। क्योंकि प्रश्न ज्योतिष प्रधानतः अंकशास्त्र पर आधारित है। फिर भी प्रश्न के जवाब ग्रहों के गुणधर्मानुसार ही देने पड़ते हैं। इस प्रकरण में समयानुसार त्रिकोण किस प्रकार बनावें और उसमें ग्रह किस प्रकार रक्खें, इसकी सम्पूर्ण जानकारी प्रस्तुत की जा रही है।

प्रश्न ज्योतिष में पूर्णतः सही जवाब के लिए दो बातों की नितान्त आवश्यकता है—

1. समय देखने की घड़ी रेडियो समयानुसार हो।

2. प्रश्न देखने का समय आकस्मिक हो। पहले समय देखकर अगर जवाब देंगे तो वह सत्य नहीं आयेगा।

अब प्रश्न-कुण्डली किस प्रकार तैयार करें, इस पर विचार करेंगे। जब कोई प्रश्नकर्ता प्रश्न पूछता है, उस समय तुरन्त घड़ी में समय देख लेना चाहिए। समय देखने में मिनट का भी पूर्ण ध्यान रखें अन्यथा प्रश्न कुण्डली गलत होगी। अब कागज पर स्पष्ट त्रिकोण निकालें। माना, प्रश्न सुबह नौ बजकर 32 मिनट पर पूछा गया हो, तो त्रिकोण के दाहिने कोण में 9 अंक लिखो। बायीं तरफ मिनट का जोड़ लगाकर उसका एकांक लिखें। यह भी एकांक 5 ही आयेगा। (9+3+2=14=5) अब 108 में से ऊपर के कोण का 5 अंक कम कर उसका एकांक त्रिकोण के मध्य में लिखो। ऐसा अंक 4 आयेगा। (108—5=103=4) अब नौ ग्रह के निम्नलिखित अंक ध्यान में रखें इस प्रकार त्रिकोण पूरा होगा।

चन्द्र (8), मंगल (5), बुध (1), गुरु (4), शुक्र (6), शनि (3), रवि (2), हर्षल (9), नेपच्यून (7)

उपर्युक्त प्रश्न—त्रिकोण में लिखे अंकों के स्थान पर उनके दिग्दर्शक ग्रह लिखें। तब आपका पूर्ण त्रिकोण इस प्रकार दिखाई देगा।

अंकों का काम समाप्त हो गया, उपर्युक्त त्रिकोण में जो ग्रह-अंक हैं, इस पर 9 मिनिट में किसी भी तीन प्रश्नों के सत्य जवाब दे सकेंगे।

इस त्रिकोण के बारे में पाठकों को इन दो-चार बातों का विशेष ध्यान रखना जरूरी है। त्रिकोण के बांयी तरफ के कोन में लिखा ग्रह प्रभावी और दाहिनी तरफ का ग्रह बलहीन समझें। बीच का ग्रह सबसे महत्त्वपूर्ण होता है और उस ग्रह पर ऊपर के कोने के ग्रह की पूर्ण दृष्टि होती है।

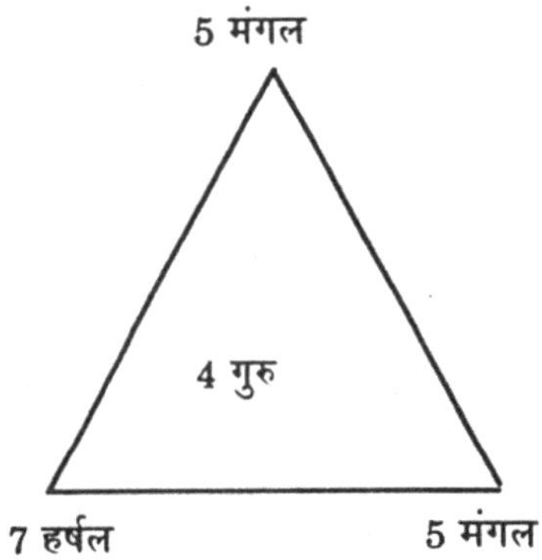

नौं ग्रहों में शनि और मंगल अशुभ ग्रह हैं और चंद्र, बुध, गुरु, शुक्र और रवि, ये शुभ ग्रह हैं। हर्षल के गुणधर्म मंगल ग्रह जैसे हैं। परन्तु वह जिस ग्रह से संबंधित होगा उसके गुणधर्म में आकस्मिकता निर्माण करता है। नेपच्यून भी शुभ ग्रह है। परन्तु प्रश्न में शुभ घटना हो तो वह शुभ घटना का समय बढ़ाता है। लेकिन अशुभ घटना का समय नहीं बढ़ाता।

अब किन-किन घटनाओं के लिए कौन-कौन से ग्रह त्रिकोण में होना आवश्यक है, इस बारे में विचार करेंगे। नौकरी के बारे में प्रश्न होगा तो रवि, गुरु और बुध, इनमें से एक ग्रह त्रिकोण में होना चाहिए। स्थावर के बारे में प्रश्न हो तो मंगल और चंद्र ग्रहों की आवश्यकता होती है। फिर भी इस प्रश्न में नेपच्यून ग्रह त्रिकोण में कहीं भी हो, प्रतिकूल समझना चाहिए। खोई हुई वस्तु के बारे में प्रश्न हो तो चन्द्र और हर्षल ग्रह त्रिकोण में होंगे तो ही अनुकूल जवाब मिलेगा। प्रसूति के बारे में प्रश्न होगा तो शुक्र, चन्द्र और गुरु इनमें से दो ग्रह त्रिकोण में होने चाहिए। प्रवास के बारे में प्रश्न हो तो नेपच्यून और चंद्र ग्रह अपेक्षित हैं। बीमारी के बारे में शुभ उत्तर के लिए चंद्र, नेपच्यून और रवि इन तीन ग्रहों में से दो ग्रह त्रिकोण में होने चाहिए। परीक्षा में यश के लिए रवि, गुरु और बुध इनमें से एक ग्रह त्रिकोण में होना चाहिए। त्रिकोण में अगर रवि, बुध और गुरु इनमें से दो ग्रह होंगे तो दीवानी-दावे में यश मिलता है। त्रिकोण में शनि-मंगल और हर्षल, इनमें से एक भी ग्रह हो तो फौजदारी-पेशगी विरुद्ध जाकर तकलीफ होती है। परन्तु ऐसे प्रसंग पर रवि, नेपच्यून और गुरु में से एक भी ग्रह त्रिकोण में हो तो फौजदारी में से सही-सलामत छूट जाएंगे।

परदेश-गमन के बारे में प्रश्न हो तो नेपच्यून और चंद्र में से एक ग्रह होना ही चाहिए। सट्टा, लाटरी इत्यादि में पैसों की प्राप्ति होगी या नहीं,

इस प्रश्न के त्रिकोण में चंद्र, बुध और शनि में से दो ग्रह होना बहुत आवश्यक है। ऐसे समय चंद्र त्रिकोण के मध्य में और ऊपर के कोण में शनि होगा तो सट्टा, जुआ, रेस इत्यादि से खूब धन-प्राप्ति होगी। विवाह के बारे में प्रश्न होगा तो चन्द्र, शुक्र और गुरु, इन तीन ग्रहों में से कम-से-कम दो ग्रह होने ही चाहिए। इन ग्रहों में से शुक्र मध्य में, ऊपर के कोण में चन्द्र आ जाए तो विवाह तुरन्त सुमंगल होता है। लेखन में यश पाने का प्रश्न हो तो बुध, शुक्र और गुरु इन तीनों ग्रहों में से दो ग्रहों की आवश्यकता है।

राजकारक, चुनाव इत्यादि यश-प्राप्ति के बारे में प्रश्न हो तो रवि, गुरु और नेपच्यून ग्रहों में से दो ग्रहों की आवश्यकता होती है। दूकानदारी, व्यापार इत्यादि उत्तम रीति से चलेंगे या नहीं इस प्रश्न के अनुकूल जवाब के लिए बुध, चन्द्र, शनि इन ग्रहों की आवश्यकता होती है। परीक्षा के बारे में प्रश्न होगा तो बुध और गुरु त्रिकोण में होने चाहिए। अंत में परमार्थ में गति होना, गुरु का मिलना, और साक्षात्कार के बारे में प्रश्न होगा तो नेपच्यून और गुरु में से एक ग्रह त्रिकोण में दाहिनी तरफ और शनि मध्य में अथवा ऊपर के कोण में होना चाहिए।

त्रिकोण में कौन-से ग्रह होने पर क्या फलश्रुति मिलती है, इसका विचार करने के बाद सुबह 6 बजे से शाम के 5 बजे तक किसी भी समय कोण में ग्रह का त्रिकोण होता है। उसकी फलश्रुति क्या मिलती है, उसका सम्पूर्ण दिग्दर्शन निम्न प्रकार है। इस पुस्तक के आधार पर कोई भी व्यक्ति अनभिज्ञ व्यक्ति को अनायास किसी भी सामान्य प्रश्न का उत्तर दे सकेगा।

प्रश्न–समय देखने से पहले

अनुभवी एवं ज्योतिष के जानकार पाठकों के ध्यान में आया होगा कि 60 मिनट के 6 या 7 त्रिकोण बनते हैं। उदाहरणार्थ, सुबह 6 बजकर 3 मिनट का त्रिकोण 6 बजकर 12 मिनट पर बननेवाले त्रिकोण जैसा ही होता है। क्योंकि पहले समय के 3 मिनट और दूसरे समय के 12 मिनटों का एकांक 3 हो जाता है। यानि पहले के समय के बाद हर 9 मिनट के बाद वैसा ही त्रिकोण बनता है। पाठक यह बात ध्यान में रखकर मिनट का एकांक करें और उस त्रिकोण में दिये गए उत्तर समझ लें। दूसरा देकर इसको और भली प्रकार समझाना चाहिए, अतः 6-1, 6-10 6-28, 6-37, 6-46, 6-55 इन समयों में बनाये त्रिकोण वे ही बनेंगे। इस ग्रंथ में सुबह 6 बजे से दोपहर के 5 बजे तक प्रश्न-पत्रिका बनाने का कालावधि दिया गया है। इसके लिए दोपहर के 2 बजे से 5 बजे तक प्रश्न-पत्रिका बनाते समय त्रिकोण के दाहिनी और बायीं तरफ के ग्रहों की अदलाबदल की है क्योंकि दोपहर के 12 बजे के बाद प्रभावी ग्रह क्षीण हो जाते हैं और निर्बल ग्रह

प्रभावी हो जाते हैं। इतनी जानकारी के पश्चात् अगले प्रकरण में प्रत्येक घंटे के 10 ऐसे कुल 120 त्रिकोण बनाकर उसका फलित क्या आयेगा, इसका पूर्ण विवेचन इस छोटी पुस्तक में सम्भव नहीं है अतः कुछ त्रिकोण बनाकर उसकी विवेचना कर रहा हूं।

उपर्युक्त त्रिकोण का जवाब ठीक न आये तो उसका मुख्य कारण होगा। घड़ी रेडियो समयानुसार न होगी। इसी दोपहर के 3 बजकर 23 मिनट 42 सेकंड इस समय पूछा प्रश्न का जवाब 3-23-3-24 इस समयानुसार आना संभव है। पहले समय देखकर या निश्चित कर प्रश्न देखेंगे तो जवाब ठीक नहीं आयेगा।

आपके प्रश्न, हमारे जवाब— त्रिकोण कुण्डली द्वारा

सुबह 6.00 बजे

नौकरी—कोने में शुक्र होने पर भी मध्य में शनि ग्रह होने से नौकरी मिलने के योग कम हैं।

स्थावर—मंगल, चन्द्र इत्यादि आवश्यक ग्रह त्रिकोण में नहीं हैं। बीच में शनि ग्रह है, स्थावर प्रापर्टी खरीदने का अनुकूल समय नहीं है।

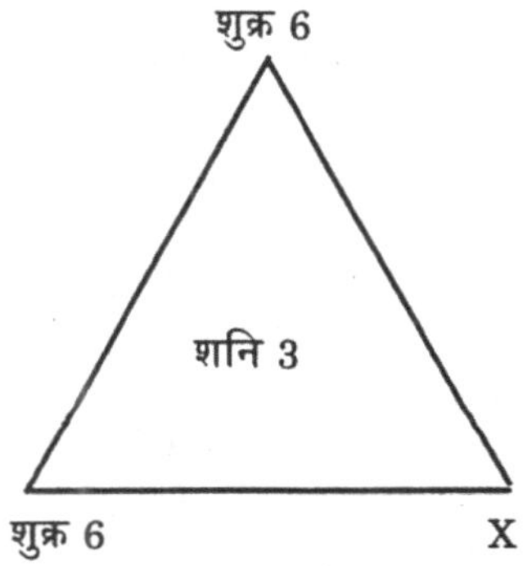

खोई हुई वस्तु के लिए—वस्तु घर में ही है परन्तु जल्दी नहीं मिल पा रही है। शनिवार के बाद मिलेगी।

प्रसूति—दो कोनों में शुक्र है पर मध्य में शनि है, प्रसूति कठिन होगी। कन्या-योग है।

प्रवास—प्रवास के लिए आवश्यक ग्रह नेपच्यून या चन्द्र ग्रह त्रिकोण में नहीं है। प्रवास यशस्वी नहीं होगा, शनि ग्रह के कारण प्रवास में तकलीफ संभव है।

बीमारी—मध्य में शनि ग्रह है। शुक्र दो स्थानों पर कोण में है, स्त्री रुग्ण को अधिक तकलीफ संभव। पुरुषवर्ग को भी त्रासदायक।

परीक्षा—विद्यार्थियों का अशुभ, शनि मध्य में होने से परीक्षा में शुभ मिलना बहुत कठिन होगा।

कोर्ट-कचहरी—फैसला आपके विरुद्ध होगा।

लॉटरी—नुकसान कारक नहीं, परन्तु योग बिलकुल सामान्य।

व्यापार—सौंदर्य-प्रसाधन, रेशम कपड़ा, जवाहर आदि के लिए अशुभ। अन्य बाजार के लिए भी शुभ योग नहीं।

विवाह—विवाह में फँसाने का योग। विवाह योग भी कठिन ही।

चुनाव—अपयश, स्त्रियों को धोखा अधिक।

परमार्थ—योगवृत्ति बढ़ेगी, परमार्थ नहीं।

अन्य—अन्य घटनाओं के लिए भी शुभ योग नहीं।

सुबह 7-01

नौकरी—बैंक, व्यापारी-कम्पनी इत्यादि जगह में प्रयत्न किया जाय तो बहुत शुभ योग है। नौकरी स्थाई और आगे भाग्योदय करानेवाली होगी।

स्थावर—स्थावर प्रापर्टी के योग हैं। परन्तु उसमें समाधान नहीं। नेपच्यून प्रभावी ग्रह है। अभी पैसा बैंक में ही रखें।

खोई वस्तु के लिए—पैसे खोये हों तो देर से मिलेंगे। घर में ही कहीं रख दिये हैं। रेडियो, गहने, इत्यादि वस्तुएँ चुराई गई हों तो चोर मिलेगा, वस्तु भी मिल जायेगी।

प्रसूति—शुभ काल, प्रसूति सुलभ। गोरा, दीर्घायु और निरोगी पुत्र होगा। तीन माह पश्चात उसे हनुमान के दर्शन करावें, मंगल होगा।

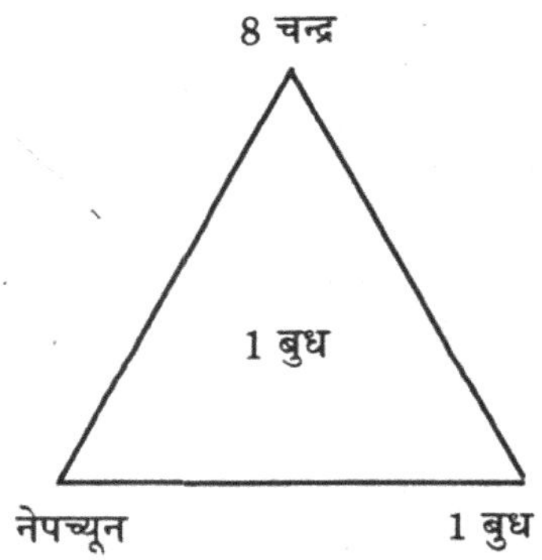

प्रवास—प्रवास के लिए शुभ समय है, आराम से प्रवास होगा। इष्ट कार्य सिद्ध होगा। पैसा अधिक खर्च होगा। 7, 16, और 25 तारीख को हवाई-यात्रा न करें। यात्रा सफलार्थ सन्देह।

बीमारी—स्वास्थ्य शीघ्र सुधरेगा। दवा चालू रखें। स्वास्थ्य संपन्नता का शुभ योग है। इस प्रश्न-कुण्डलीवाला व्यक्ति दीर्घायु होगा।

परीक्षा—परीक्षा में निश्चय ही सफल होंगे। श्रेणी भी संभव है। पुनः जिस परीक्षा में बैठना चाहते हैं उसमें भी स्वीकृति मिलेगी। सोमवार का उपवास रखें।

कोर्ट-कचहरी—पैसों का दावा होगा तो यश मिलेगा। किरायेदारों को भी फरियाद में यश मिलेगा लेकिन प्रभावी नेपच्यून के कारण समय लगेगा।

लॉटरी—चंद्र, शुक्र त्रिकोण में है। चंद्र सर पर है। लॉटरी, रेस इत्यादि में फायदा होगा। परन्तु प्रभावी नेपच्यून के कारण सफलता में न्यूनता आयेगी।

व्यापार—व्यापार वर्ग के लिए शुभ है। व्यापार में वृद्धि करें। भाग्य साथ देगा। यश मंद गति से मिलेगा। साइड बिजनेस करें तो अधिक लाभदायक।

विवाह—चंद्र, नेपच्यून युति है—दोनों प्रभावी हैं। कठिनाइयां हैं, पर विवाह के लिए अनुकूल काल है। धनसंपन्न ससुराल होगी। कृष्ण का व्रत रखें।

चुनाव—चुनाव में जीत तो होगी, परन्तु अत्यधिक व्यय करने पर ही। मित्र शत्रु बनेंगे। नेपच्यून के कारण आगे भी अच्छा पद मिलना कठिन है।

परमार्थ—नेपच्यून प्रभावी ग्रह है। धार्मिक वृत्ति उत्तम। सात्त्विकता बढ़ेगी। वैभव और पूर्ण सुख में रहकर भी परमार्थ होगा। सन्यास योग नहीं है।

अन्य—अन्य किसी भी प्रश्न के लिए सामान्यतः अनुकूल जवाब।

सुबह 8.00

नौकरी—नौकरी शीघ्र मिलने का बलवान योग है। बड़े शहर में प्रयत्न करें। अच्छे वेतन की नौकरी मिलेगी। वेतन-वृद्धि, प्रमोशन आदि के लिए अनुकूल उत्तर।

स्थावर—स्थावर प्रापर्टी खरीदना, बेचना दोनों के लिए शुभ योग है। कुआं खोदने के लिए अनुकूल काल। पानी लगेगा। धनवान लोग बड़ी प्रॉपर्टी खरीदने का प्रयत्न करें।

खोई हुई वस्तु के लिए—वस्तु कहीं अनजाने स्थान पर रख दी गई है। खोये कागज-पत्र मिल जायेंगे। नोट किताब में रखे होंगे। वस्तु मिलने का दिन सोमवार ही होगा।

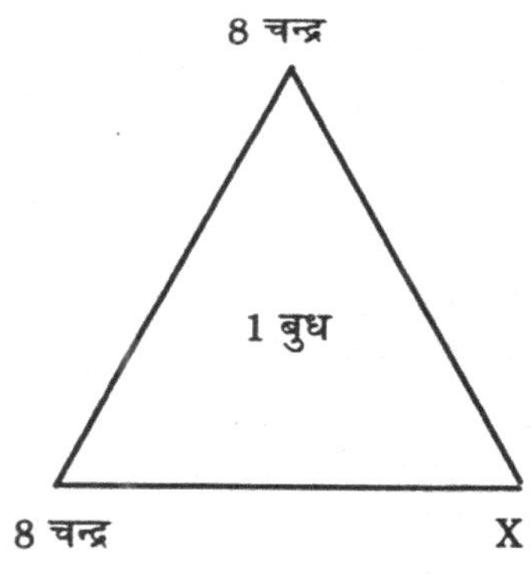

प्रसूति—प्रसूति सरलता से होगी। प्रसूति के बाद कमजोरी बहुत आयेगी। कन्या-योग अधिक। कन्या सुन्दर होगी। होशियार होगी।

प्रवास—जल-प्रवास के लिए अधिक अनुकूल काल है। प्रवास यशस्वी होगा। रिश्तेदारों से मिलने के लिए प्रवास होगा। सट्टा इत्यादि के लिए भी व्यापारियों को शुभ है।

बीमारी—दवा से स्वास्थ्य ठीक होगा पर बीमारी लम्बे समय तक चलेगी। कमजोरी अत्यधिक महसूस होगी। लैंगिक अतिरेक के कारण तकलीफ

होगी। नपुंसकत्व से सावधानी बरतें।

परीक्षा—परीक्षा में उत्तीर्ण होने के बलवान योग हैं। विद्यार्थियों को अधिक शुभ काल। श्रेणी अवश्य मिलेगी। अन्य विद्यार्थी परिश्रम करें तो व्यापारी वर्ग में सफलता मिलेगी।

कोर्ट-कचहरी—चंद्र फंसनेवाला ग्रह है। अकस्मात विरुद्ध परिणाम मिलने की संभावना है। स्त्री ने अगर तलाक की अर्जी दी होगी तो यश मिलेगा।

लॉटरी—इस समय लॉटरी का टिकिट निश्चय ही खरीदें। मात्र 9 मिनट का समय बाकी है। बाद में समय बदलनेवाला है। बड़ा ईनाम मिलने की आशा है। सट्टे के लिए शुभ काल।

व्यापार—व्यापारियों के लिए बहुत ही शुभकाल है। नया व्यवसाय प्रारम्भ करें। भागीदारी से करें। प्रतिष्ठान के लिए उत्तम जगह की संभावना है। चांदी के सट्टे में अत्यधिक लाभ मिलने की संभावना।

विवाह—विवाह के लिए भाग्यशाली काल है। युवकों को अपनी पसंद की पत्नियां मिलेंगी। लड़कियों को अच्छा ससुराल मिलेगा।

चुनाव—चुनाव में सफल होने की 50 प्रतिशत आशा है। चुनाव न लड़ना ही अच्छा। व्यर्थ पैसे की बरबादी होगी।

परमार्थ—यह प्रश्न-कुण्डली परमार्थी व्यक्ति की नहीं। विलासप्रियता अधिक। दान-धर्म, भक्ति करने की बुद्धि होगी ही नहीं।

अन्य किसी भी प्रश्न के लिए अनुकूल जवाब।

सुबह 9–01

नौकरी—बड़े वेतन की अच्छा नौकरी मिलने के योग हैं। बैंक, बीमा कम्पनी आदि स्थानों पर सम्पर्क करें। प्रमोशन, वेतन-वृद्धि, अपेक्षित जगह पर तबदीली के बहुत ही अनुकूल समय है। गणपति का वन्दन करें।

स्थावर—चंद्र और हर्षल है। खेती की अपेक्षा मकान, ब्लाक आदि खरीदें। किराये के मकान में यश-प्राप्ति। बुधवार व सोमवार इस दृष्टि से शुभ है।

खोई हुई वस्तु के लिए—पैसे चोरी हो गए हैं। बहुत बड़ी चोरी है। स्त्री पर शक होगा। अच्छे घर की स्त्री ने गंदी आदत के कारण चुराये हैं। पूछ-ताछ के

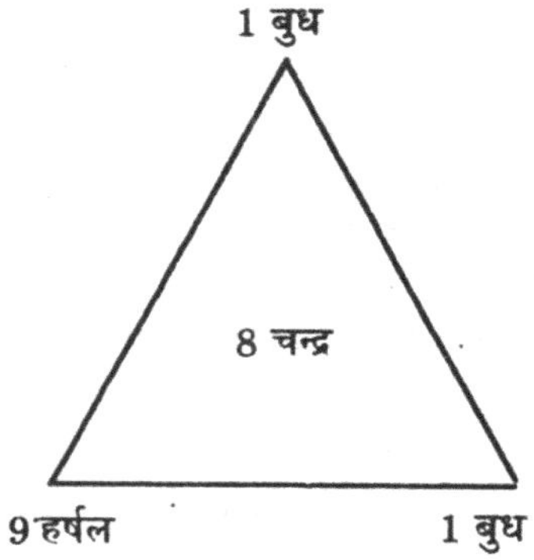

करने पर सामान वापस मिलेगा।

प्रसूति—प्रसव आसानी से होगा। कन्या-योग है। कन्या सौंदर्यसम्पन्न एवं भाग्यशाली होगी। नामकरण विधि में विलम्ब संभव।

प्रवास—चंद्र मध्य में होने के कारण प्रवास के अनुकूल समय है। पैसों की वसूली अथवा कर्ज वसूली के लिए किया गया प्रवास पूर्ण सफल होगा। जलप्रवास का योग अधिक सुखकर होगा।

बीमारी—दवाई आदि से पुनः स्वस्थ होंगे। घरेलू उपचार से भी आराम मिलेगा। बीमारी से यातना नहीं होगी। अगर ऑपरेशन आदि करवाना हो तो अभी स्थगित रखें।

परीक्षा—इस प्रश्न का उत्तर अत्यन्त अनुकूल होगा। सामान्य विद्यार्थी भी अच्छे अंकों से पास होंगे। आगे के कोर्स में प्रवेश मिलेगा। व्यापार प्रबन्ध के लिए अधिक शुभ।

कोर्ट-कचहरी—दावे का परिणाम आपकी आकांक्षा से अच्छा जायेगा। साहूकारों को पेशगी आदि मिलने के लिए अधिक शुभ काल। यह सभी चंद्र हर्षल के प्रभाव से होगा।

लॉटरी—बहुत से लोगों को छोटे-छोटे इनाम मिलने की संभावना। रेल, लॉटरी, सट्टे में अधिक अनुकूल। सोमवार व बुधवार शुभ।

व्यापार—सब प्रश्नों में व्यापार प्रारम्भ करने में देरी न करें। व्यापार में खूब लेन-देन होगा। व्यवसाय प्रारम्भ करने में देरी न करें।

विवाह—विवाह निश्चित करने के लिए अनुकूल समय है। मित्रों एवं परिवारवालों के सहयोग से घर बैठे रिश्ते आयेंगे। पैसे खर्च करने की जल्दबाजी न करें। पछताना होगा।

चुनाव—श्रीमंत उम्मीदवार के लिए शुभ योग है। बड़े चुनाव में यश मिलेगा। अच्छा पद मिलना संभव पर अत्यधिक श्रम व समय एवं पैसे का खर्च होगा।

परमार्थ—परमार्थ मार्ग में गति होना कठिन। ऐहिक भोग की इच्छा होगी। विषय-वासना बढ़ेगी। बदनामी संभव है। ईश्वरोपासना करें।

अन्य—अन्य किसी भी प्रश्न का जवाब अनुकूल आयेगा। द्रव्य-संबंधी प्रश्नों के लिए अधिक शुभ काल। प्रश्न समय पर प्रेम संबंध के मेहमान अथवा मिलने के लिए मित्र की संभावना।

सुबह 10–2

नौकरी—रवि क्षीण है और माथे पर शनि है। नौकरी मिलने के लिए विशेष अनुकूल काल नहीं। स्त्रियों को अधिक प्रतिकूल। वेतन-वृद्धि की संभावना से भी इनकार नहीं।

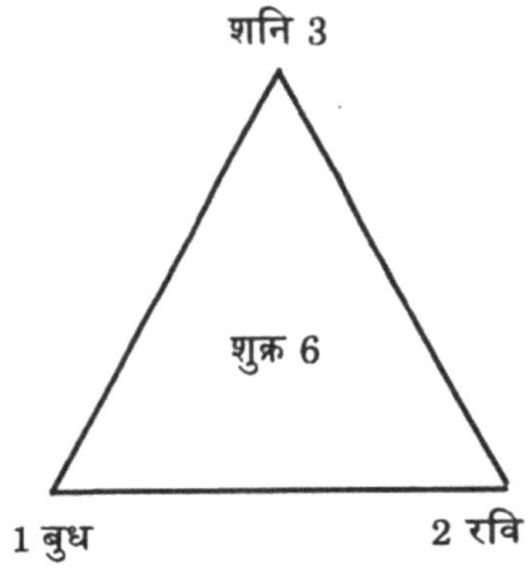

स्थावर—प्रश्न-कुंडली में मंगल और चंद्र न होने के कारण स्थावर का योग नहीं। मकान, सम्पत्ति आदि खरीदने के लिए प्रतिकूल समय।

खोई हुई वस्तु के लिए—मूल्यवान वस्तु चोरी गई है। सर पर शनि है। रवि क्षीण है। वस्तु वापस नहीं मिलेगी। प्रयास न करें।

प्रसूति—मध्य में शुक्र उस पर सर के शनि की दृष्टि है। प्रसूति कठिन होगी। छोटा-सा ऑपरेशन संभव। कन्या-योग होगा। कन्या बुद्धिमान व विलासी वृत्ति की होगी। नामकरण थोड़े समय के पश्चात करें।

प्रवास—प्रवास योग सामान्य। अनिच्छा से प्रवास करना होगा। मां अपने पुत्र का घर बसाने के लिए प्रयास करें। वह लाभदायक होगा। कन्या के विवाह-संबंध के लिए प्रवास वर्ज्य करें।

बींमारी—गुरु सर पर है, अतः सुधार होगा। क्षीण शनि के कारण ऑपरेशन का योग घटित होगा। बवासीर, उष्णता आदि से सावधान रहें।

परीक्षा—बुध और गुरु प्रभावी ग्रह हैं। बहुत पढ़ाई न होने पर भी परीक्षा में सफलता मिलेगी। सामान्य विद्यार्थी भी सफल होंगे।

कोर्ट-कचहरी—जमीन-जायदाद के बारे में दावा हो तो उसमें पूर्ण रूप से आपका पक्ष मजबूत रहेगा। लेकिन कटुता व मित्रता का निर्माण होगा ही इसमें कोई संशय नहीं। शनिवार को दावा दाखिल न करें।

लॉटरी—शनि क्षीण है। लॉटरी आदि में इनाम संभव नहीं होगा। रेस, सट्टा, जुआ आदि के लिए भी प्रतिकूल समय है। इस दृष्टि से मंगलवार घातक होगा।

व्यापार—बुध प्रभावी है और उस पर गुरु की दृष्टि है। व्यापार-धंधे के लिए शुभ काल। छोटे प्रमाण में चांदी। तेल फलियों का सट्टा करने से फायदा।

विवाह—चन्द्र और शुक्र प्रश्न-पत्रिका में नहीं हैं। विवाह के अनुकूल समय नहीं है। परन्तु माथे पर शनि होने के कारण पत्नी सुशिक्षित, स्वतन्त्र विचारों की होगी। मंगलवालों को शुभ।

चुनाव—त्रिकोण के ऊपर गुरु होने के कारण चुनाव की सफलता में

संशय है। अत्यन्त अधिकता से खर्च होगा। कटुता एवं शत्रुता होगी परन्तु आपको कोई भय नहीं।

परमार्थ—सर पर गुरु है। संसार में सुख मिले, इसी इच्छा से पूजा होगी। गुरु-चरित्र का पारायण करें। श्रीमंत व्यक्ति इस समय अन्नदान करें। फल मिलेगा।

अन्य—अन्य किसी भी प्रश्न का सामान्यतः अनुकूल उत्तर दिया जा सकेगा। लेकिन बिना कष्ट पैसे मिलने के प्रश्न का प्रतिकूल उत्तर।

सुबह 10-9

नौकरी—प्रभावी चंद्र मध्य में है। नौकरी के लिए अनुकूल काल है। कलावन्त, स्टेनोग्राफर आदि को अधिक शुभ।

स्थावर—चंद्र प्रभावी है। परन्तु हर्षल क्षीण होने के कारण सम्पत्ति के लिए प्रतिकूल काल। कृषि-भूमि खरीदने के लिए अनुकूल काल। किराए पर मकान लेने के प्रयत्न में निराशा।

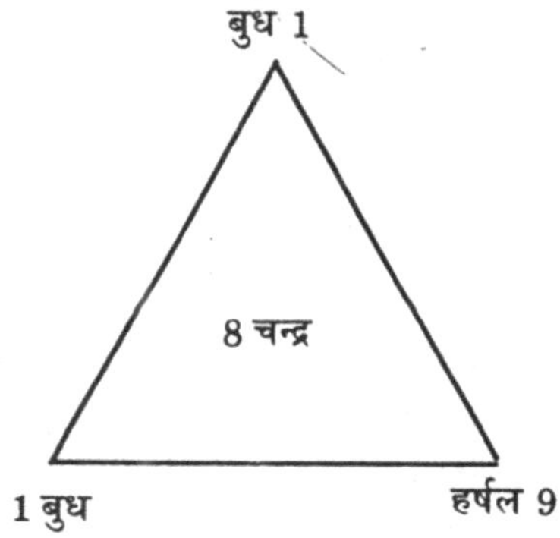

खोई वस्तु के लिए—वस्तु मूल्यवान है। घर में ही खोजें। वस्तु चोरी नहीं हुई है, परन्तु घर में ही कहीं रख देने के कारण मिल नहीं रही। सोमवार के बाद मिलेगी। तब तक घर में से कूड़ा-कचरा बाहर न फेंकें।

प्रसूति—प्रसव सुलभ। प्रसव की व्यवस्था घर में ही करें। प्रसव के बाद प्रसूता को कमजोरी अनुभव होगी। कन्या योग। कन्या सौंदर्यवान। उसका सौभाग्य-योग उत्तम।

प्रवास—प्रवास के योग सामान्य। विवाह निश्चित करने के लिए किया गया प्रवास सफल। प्रवास में सुशिक्षित स्त्रियों से पहचान होगी। मंगलवार को प्रवास न करें।

बीमारी—औषधोपचार चालू रखें। स्वास्थ्य में सुधार होगा। बीमारी में खूब खर्च होगा। वस्तुतः धोखा के कारण आपको मृत्यु तुल्य कष्ट सहन करना पड़े।

परीक्षा—परीक्षा की दृष्टि से बहुत ही उत्तम काल। अनुत्तीर्ण होने का भय रंच मात्र भी नहीं। होशियार विद्यार्थियों को निश्चित ही श्रेणी मिलेगी।

मेडिकल लाइन में जाने के लिए अधिक उत्तम समय।

कोर्ट-कचहरी—चंद्र भाग्य का कारक ग्रह है। परन्तु वह क्रूर मजाक करता है। अंत में यश मिलेगा। लेन-देन से संबंधित, तलाक से संबंधित दावे के लिए सुबह का समय अनुकूल।

लॉटरी—बड़ा इनाम मिलने की संभावना। स्त्रियों के नाम से टिकिट खरीदें। सोमवार और पूर्णिमा अनुकूल दिन।

व्यापार—व्यापार-धंधे की दृष्टि से अनुकूल काल। दूकानदारों को विशेष लाभ।

विवाह—विवाह निश्चित करने के लिए अनुकूल समय है। सौन्दर्यवान और अच्छे घर की लड़की मिलने का सुयोग संभव।

चुनाव—चंद्र मौके पर ही शुभ फल देता है। चुनाव में खड़े होने से पहले शुभ-अशुभ, लाभ-हानि, मान-अपमान, यश-अपयश सोच लें।

परमार्थ—आध्यात्मिक दृष्टि से यह काल सामान्य। विलासी वृत्ति और धन कमाने की वृत्ति अधिक होगी।

अन्य किसी भी प्रश्न के लिए साधारण अनुकूल उत्तर। चंद्र के कारण भाग्योदय।

सुबह 11.00 बजे

नौकरी—माथे पर रवि है। सरकारी नौकरी के लिए प्रयत्न करें। थोड़ा समय लगेगा। परंतु नौकरी निश्चय ही मिलेगी। जिन्हें नौकरी है उनके काम में तब्दीली आयेगी। प्रमोशन, वेतन-वृद्धि के अनुकूल आसार है। सब प्रकार से मंगल है।

स्थावर—स्थावर प्रॉपर्टी खरीदने के लिए समय सर्वथा प्रतिकूल है। सम्पत्ति के कारण त्रास। मात्र बेचें ही तो लाभ होगा। मकान बनवाने का कार्य पैसों के अभाव में रुका रहेगा।

खोई हुई वस्तु के लिए—महत्त्वपूर्ण दस्तावेज खो गये हैं परन्तु घर में नहीं हैं। रेल में या बस में रह गए हैं। यथा-योग्य प्रयत्न करें। वस्तु मिलना संभव है। प्रयत्न के लिए रविवार शुभ है।

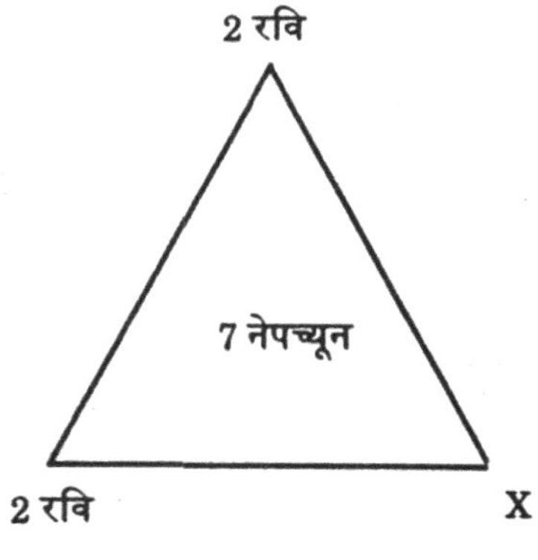

प्रसूति—प्रसूति के लिए समय लगेगा। प्रसूति हॉस्पिटल में ही होगी। प्रसूति के बाद स्त्री का स्वास्थ्य निश्चय ही सुधरेगा। पुत्रयोग निश्चित। पुत्र दीर्घायु और तत्त्वज्ञा।

प्रवास—प्रवास के लिए अनुकूल समय है। लेखकों का प्रकाशकों से मिलने के लिए किया गया प्रयास शुभ फलदायी होगा। जिन्हें संभव हो सके तो हवाई यात्रा न करें। तीर्थयात्रा संभव है।

बीमारी—बीमारी अब खत्म हो गई, ऐसा समझें। दवा-पानी बन्द करने का समय आ गया है। स्वास्थ्य दिन-ब-दिन सुधरता जायेगा। यह कुण्डली दीर्घायु व्यक्ति की है।

परीक्षा—दो स्थानों पर रवि होने के कारण उच्च शिक्षा लेनेवालों को अच्छे अंकों से सफलता। आशा न होने पर भी सफलता। उच्च शिक्षा के लिए विदेश योग घटित। पासपोर्ट-वीसा, रुपयों की व्यवस्था शीघ्र ही घटित होगी।

कोर्ट-कचहरी—कोर्ट के काम अधिक। दिन बीतते-बीतते दिन-ब-दिन लम्बा होता जायेगा। न्यायाधीशों के बार-बार तबादले होंगे परन्तु धैर्य के कारण फैसला आपको अनुकूल संतुष्टि प्रदान करेगा।

लॉटरी—लॉटरी के बारे में बिलकुल आशा न रखें। नेपच्यून प्रश्न-पत्रिका में प्रभावी ग्रह है। रेस, सट्टा, जुआ आदि के लिए भी शुभ काल नहीं। बड़ा नुकसान होगा। इसके लिए रविवार वर्ज्य।

व्यापार—व्यापार-धन्धे की दृष्टि से एक दम सामान्य काल। नयी भागीदारी न करें। दूकान में माल पड़ा रहेगा। सेल्स टैक्स की परेशानी होगी। भागीदारी में मतभेद उभरेंगे।

विवाह—प्रभावी नेपच्यून के कारण विवाह में विलम्ब। सुशिक्षित होने पर भी रूप में कमी होने के कारण लड़कियां भी नापसंद करेंगी।

चुनाव—रवि सर पर होने के कारण चुनाव में सफलता मिलेगी। परन्तु प्रभावी पद न मिल सकेगा। स्त्रियां चुनाव न लड़ें। वृद्धों के लिए अधिक शुभ योग।

परमार्थ—परमार्थ की दृष्टि से निश्चय ही अनुकूल समय है। सत्संग का लाभ मिलेगा। ग्रंथों का वाचन होगा। वैराग्य प्रवृत्ति में वृद्धि होगी।

अन्य—अन्य किसी भी प्रश्न का सामान्यतः उत्तर शुभ।

दोपहर 12.01

नौकरी—बीच में मंगल है। परन्तु माथे पर गुरु है। नौकरी का योग है परन्तु कष्ट साध्य। बड़े वेतनवाली, सम्मान भरी नौकरी मिलेगी। रिश्वत देकर नौकरी पाने का प्रयत्न न करें। प्रमोशन, वेतन-वृद्धि में विलम्ब।

सरलता से कोई कार्य नहीं होगा।

स्थावर—मध्य में मंगल है। स्थावर प्रॉपर्टी के योग अनुकूल हैं परन्तु समय पर रुपयों की तंगी होगी। खेती-बाड़ी की अपेक्षा मकान, प्लाट इत्यादि खरीदने के लिए अनुकूल समय।

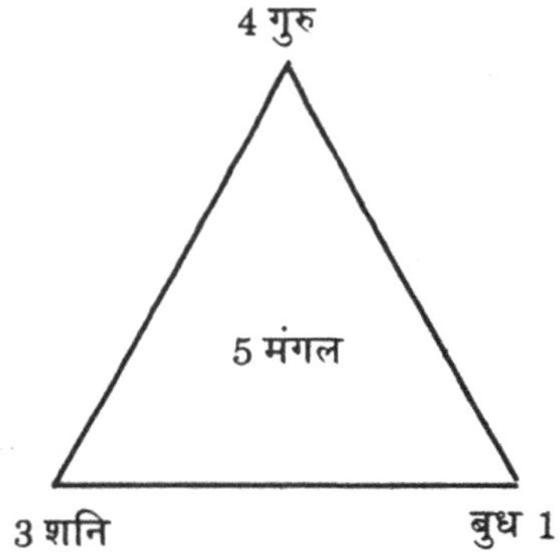

खोई हुई वस्तु—रुपयों की दृष्टि से विश्वासघात हुआ है। चिंता करने से कोई लाभ न होगा। अनाज या फलों की चोरी होने का भय है।

प्रसूति—बीच में मंगल है। प्रसूति में कुछ कठिनाई परन्तु माथे पर गुरु होने के कारण किसी प्रकार का भय नहीं। ऑपरेशन का योग नहीं। दीर्घायु एवं कीर्तिमान पुत्र का योग।

प्रवास—सामान्य काल, नजदीक का प्रवास होगा। बड़े व्यक्तियों से भेंट के लिए किया गया प्रवास यशस्वी रहेगा। मंगल एवं शनिवार प्रवास के लिए वर्जित।

बीमारी—यदि दुर्घटना हुई हो तो स्वस्थ होने में विलम्ब होगा। शारीरिक कष्ट अधिक रहेगा। ऑपरेशन का योग। अन्य बीमारियों को भी त्रासदायक।

कोर्ट-कचहरी—जमीन, मकान, सम्पत्ति आदि के बारे में दावा हो तो उसमें जीत होने की संभावना होगी। कचहरी के काम के दिनों में अत्यधिक श्रम होगा। अन्य दावों के सम्बन्ध में कुछ नहीं कहा जा सकता फिर भी किसी मामले में निराश तो नहीं होंगे।

लॉटरी—लॉटरी में पैसे मिलने का यह समय नहीं। ज्यादा टिकट न खरीदें। रेस, सट्टा, जुआ आदि के लिए प्रतिकूल समय। इस्टेट ब्रोकर्स को अधिक शुभ। बीमा या अन्य एजेंटों के लिए भी पूर्ण अनुकूल काल।

व्यापार—तेल-फलियां, गुड़, वस्तुओं का व्यापार करनेवालों के लिए अनुकूल समय।

विवाह—विवाह आदि दृष्टि से पूर्ण प्रतिकूल समय है। मंगलवाले व्यक्तियों को अधिक निराशाजनक काल। परन्तु आगे सुशिक्षित और श्रीमंत घर मिलेगा।

चुनाव—बीच के मंगल पर प्रभावी गुरु की दृष्टि है। प्रतिस्पर्धा में विजय परन्तु चुनाव में भारी खर्च से आप परेशान रहेंगे।

परमार्थ—माथे पर गुरु है। आध्यात्मिक प्रगति का ग्रह है। परन्तु बीच

में मंगल है। सांसारिक ताप के कारण धर्म-कर्म कुछ न हो सकेगा लेकिन चरित्र शुद्ध रहेगा।

अन्य—अन्य किसी भी प्रश्न का अनुकूल उत्तर नहीं।

दोपहर 12.08

नौकरी—नेपच्यून बीच में है, नौकरी मिलने में विलम्ब लगेगा। पर देर से ही क्यों न हो, अच्छी और सम्मानपूर्वक नौकरी मिलनी ही चाहिए। सरकारी नौकरी के लिए प्रयत्न न करें। स्त्रियों के लिए शुभ समय। उच्चाधिकारियों को वेतन-वृद्धि एवं प्रमोशन होगा। शनिवार का उपवास रखें।

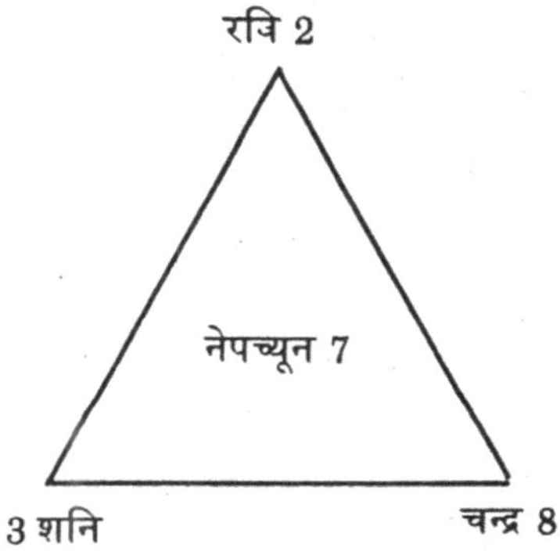

स्थावर—स्थावर संपत्ति खरीदने के लिए प्रतिकूल समय। मकान खरीदने के लिए पैसे खर्च न करें। आगे तकलीफ होगी। हां किराये पर मकान प्राप्त करने का प्रयत्न करें। सफल होंगे।

खोई हुई वस्तु के लिए—बहुत मूल्यवान तो नहीं अपितु महत्त्वपूर्ण वस्तु है। दस्तावेज घर के बाहर खोये हैं। शनि, चंद्र युति होने से वस्तु वापिस मिलना मुश्किल।

प्रसूति—प्रसूति सुख से होगी पर थोड़ा विलम्ब होगा। प्रसव के बाद स्वास्थ्य उत्तम रहेगा। पुत्र-योग के लक्षण, पुत्र दीर्घायु, कीर्तिमान होगा। नामकरण देर से करें।

प्रवास—प्रवास के लिए अत्यन्त अनुकूल समय है। विदेश-गमन के सुयोग घटित हों तो भी आश्चर्य नहीं। तीर्थ-यात्रा के लिए भी अनुकूल एवं शुभ काल।

बीमारी—बीमारी अब दूर हो गई है, ऐसा समझें। दवा भी कम है। हवा बदल करें तो शीघ्र आराम पाएंगे। यह कुण्डली दीर्घायु व्यक्ति की है।

परीक्षा—उच्चशिक्षा प्राप्त विद्यार्थी और रिपीटर्स को उत्तीर्ण होने का विश्वास। सामान्य विद्यार्थी के लिए भी शुभ। व्यापारिक शिक्षा के लिए भी अनुकूल समय।

कोर्ट-कचहरी—दावा बहुत अधिक लम्बा ही चला है। परन्तु अन्त में सफलता आपके ही हाथ लगेगी। विश्वास रखें। अगर तलाक के लिए दावा

किया है तो अपनी प्रतिष्ठा बचाएं, सुलह करने का प्रयत्न करें, अन्यथा मुंह की खानी होगी।

लॉटरी—नेपच्यून बीच में है। लॉटरी मिलने का कोई योग नहीं। रेस, सट्टा, जुआ आदि के लिए भी प्रतिकूल समय। शनिवार अशुभ।

व्यापार—व्यापार के लिए बहुत ही सामान्य काल। भागीदारी में झगड़े। नई भागीदारी शुरू न करें। तेल, फलियां, गुड़ का व्यापार करें। सोमवार शुभ।

विवाह—बीच में नेपच्यून है, विवाह के लिए अनुकूल समय नहीं। विवाह में विलम्ब होगा। विधवाओं के विवाह के लिए विशेष प्रयत्न करने पर सफलता संभव।

चुनाव—चुनाव में सफलता नहीं। व्यर्थ में चिंता मोल न लें। रवि सर पर है, परन्तु शनि से युक्त है। स्त्रियां चुनाव न लड़ें। अपयश मिलेगा।

परमार्थ—आध्यात्मिक दृष्टि से अनुकूल काल है। सत्संग का लाभ मिलेगा। योगमार्ग में गति होगी। तीर्थयात्रा का योग। ज्ञानमार्ग में रुचि होगी।

अन्य—अन्य किसी भी प्रश्न का सामान्यतः शुभ, परन्तु शुभ में भी विलम्ब होगा।

दोपहर 1–00

नोट—दोपहर एक बजे कोने के प्रभावी ग्रह क्षीण होते हैं। अतः बुध दाहिनी तरफ लिखा है। दोपहर 1 बजे बुध और मंगल क्षीण अवस्था में हैं।

नौकरी—बीच में चन्द्र है। बुध प्रभावी है। नौकरी के लिए अनुकूल समय है। भाग्य आपको लगातार सहयोग कर रहा है। बड़ी-से-बड़ी कम्पनियों में प्रयत्न करें। द्रव्य-दृष्टि से अधिक शुभ काल।

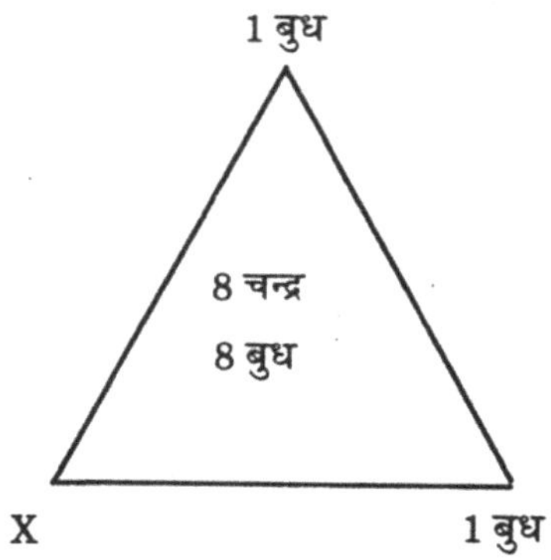

स्थावर—खेती-बाड़ी की अपेक्षा मकान खरीदने के लिए अनुकूल समय। मंगल भी क्षीणावस्था में है, नये मकान में समृद्धि होगी। हो सके तो बड़े शहरों में प्रयत्न करें।

खोई हुई वस्तु के लिए—खोई हुई वस्तु अत्यन्त मूल्यवान है। वस्तुतः

गहने आदि हैं। चोर परिचित स्त्री होनी चाहिए। वस्तु मिलने की संभावना है।

प्रसूति—प्रसूति सुखपूर्वक होगी। हॉस्पिटल में व्यवस्था करें। प्रसव के बाद काफी कमजोरी आयेगी। कन्या योग है। कन्या वैभव लायेगी।

प्रवास—प्रवास के लिए अनुकूल समय। लड़की के विवाह निमि़त्त से किया गया प्रवास यशस्वी होगा। जलप्रवास का योग। रुपयों की व्यवस्था के लिए प्रवास जरूर करें।

बीमारी—बीमारी कम होने की सम्भावना कम ही है। दवा निरन्तर लेते रहें। दूसरे मौसम में जाने का प्रयास करें।

परीक्षा—परीक्षा में सर्वोच्च सफलता। अपेक्षित प्रवेश मिलने की संभावना शत-प्रतिशत। मेडिकल अथवा व्यापारिक प्रबन्ध के लिए प्रयत्न करना चाहें तो अत्यन्त शुभ समय है।

कोर्ट-कचहरी—रुपयों के बारे में दावा हो तो उसमें यश परिणाम भी शीघ्र आ जायेगा। स्त्रियों के लिए तलाक या रोजी से सम्बन्धित दावे के लिए अनुकूल समय।

लॉटरी—लॉटरी में छोटा-मोटा इनाम मिलेगा। स्त्री के नाम से टिकट खरीदें। रेस, सट्टा, जुआ के लिए शुभ और लाभदायक समय।

व्यापार—व्यापार के लिए शुभ समय है। व्यापार में भाग्योदय होगा। नये व्यवसाय प्रारम्भ करने के लिए शुभ समय है। अनाज के दलाल आदि व्यापारियों के लिए लाभदायक समय।

विवाह—विवाह आदि के लिए शुभ समय है। चंद्र बल उत्तम। इस समयानुसार विवाह हो तो वह यशस्वी और मंगलमय होगा। सौन्दर्यसम्पन्न कुमारिका को अनुरूप वर मिलेगा।

चुनाव—चुनाव में यश पाने के लिए अत्यन्त अनुकूल समय है। अनायास यश की संभावना। भाग्य सहयोग कर रहा है। स्त्री उम्मीदवारों के लिए प्रतिकूल।

परमार्थ—देवधर्म, उपासना के लिए प्रतिकूल समय। पैसा कमाने में एवं विलासी प्रवृत्ति की ओर ध्यान अधिक रहेगा। विषय-वासना बढ़ेगी। मात्र जाप करें।

अन्य—अन्य किसी भी प्रश्न का उत्तर शुभ होगा। द्रव्य विषयक प्रश्न अधिक शुभ। स्वास्थ्य-सम्बन्धी प्रश्नों का प्रतिकूल उत्तर देने का प्रयत्न करें।

दोपहर 1.09

नौकरी—नौकरी मिलने की दृष्टि से यह शुभ है। नेपच्यून के कारण नौकरी मिलने में बाधाएं जरूर उपस्थित होंगी। अच्छी नौकरी के साथ

अत्यधिक कार्य-भार एवं उत्तरदायित्व का सामना करना होगा। स्त्रियों को नौकरी मिलना अधिक संभव। प्रमोशन, वेतन-वृद्धि के योग हैं।

स्थावर—नेपच्यून प्रभावी है। मकान की अपेक्षा कृषि योग्य भूमि खरीदने के लिए अधिक अनुकूल समय। मकान कार्य अभी बन्द ही रखें तो अच्छा रहेगा।

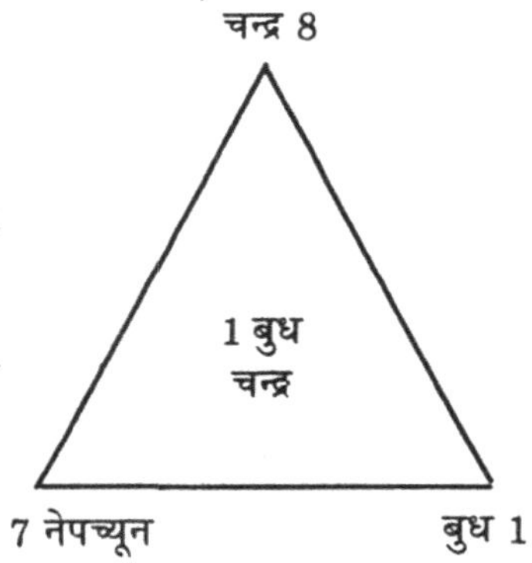

खोई वस्तु के लिए—किसी ने मात्र आपको चिंतित करने के लिए वस्तु छिपा रखी है। वस्तु आपके मित्र के घर पर ही है। वस्तु शनिवार के बाद मिलेगी। वस्तुतः आपके गंजे मित्र ने वस्तु मजाक करने के तौर पर छिपा रखी है। शायद वह आपका लॉटरी का टिकिट है।

प्रसूति—शुभ समय में हॉस्पिटल में प्रसूति की व्यवस्था करके रखें। स्वास्थ्य उत्तम। पुत्र-योग है। पुत्र दीर्घायु एवं सौन्दर्यवान होगा।

प्रवास—चन्द्र नेपच्यून प्रभावी है। प्रवास के लिए शुभ समय। सभी प्रकार से कार्य-सिद्धि होगी। विदेश गमन के लिए अनुकूल समय। प्रयास सुखकर होगा। सोमवार शुभ।

बीमारी—चन्द्र माथे पर है। बीमारी कम होती जा रही है। फिर भी दवा बन्द न करें। वैसे कोई धोखा नहीं। हवा बदल करने से शीघ्र आराम होगा। यह दीर्घायु व्यक्ति की प्रश्न-पत्रिका है।

परीक्षा—बुद्धिमान विद्यार्थियों को अपने परिश्रम का उचित फल निश्चय ही मिलेगा। सामान्य विद्यार्थियों को निराश होना पड़ेगा। अपेक्षित जगह पर प्रवेश मिलना संभव है। मेडिकल अथवा प्रबन्ध का कोर्स करें तो भविष्य के लिए लाभदायक होगा।

कोर्ट-कचहरी—मुकद्दमा काफी दिनों से चल रहा है। फिर भी अनुकूल परिणाम सामने आएंगे। तलाक के मुकद्दमे में स्त्री वादी को न्याय मिलना असम्भव होगा।

लॉटरी—बुध और चन्द्रमा प्रभावी हैं। हो सकता है कोई प्रोत्साहन पुरस्कार ही आपकी झोली में आ जाए। स्त्रियों को अधिक लाभ हो सकता है। सट्टा, रेस, जुआ, शर्त आदि के लिए लाभदायक एवं शुभ समय है।

व्यापार—व्यापार के लिए अनुकूल समय है। व्यापार में अधिक लाभ होगा। होटल, सिनेमा आदि धन्धों में अधिक लाभ होना निश्चित।

विवाह—विवाह के लिए शुभ समय है। विवाह होने में विलम्ब हो तो निराश न हों। रिश्ता उत्तम मिलेगा। सौन्दर्यवान, कामुक, भोगप्रिय, सुशिक्षित पत्नी मिलेगी। शायद नौकरी करनेवाली भी मिल जाए।

चुनाव—चन्द्र, नेपच्यून प्रभावी है। लोगों का मत आपके प्रतिकूल होने की सम्भावना ज्यादा है। खर्च बहुत होगा।

परमार्थ—नेपच्यून प्रभावी। उपासना, भक्ति-भावना की अपेक्षा वेदान्त में लय लगेगी। तीर्थयात्रा जरूर करें। योग उत्तम है।

अन्य—अन्य सभी दृष्टि से अनुकूल उत्तर। शुभ घटना में समय लगेगा।

दोपहर 2.00

नौकरी—नौकरी मिलने में काफी समय लगेगा परन्तु धैर्य से प्रयत्न करने पर अच्छी सम्मान भरी नौकरी मिलेगी। नौकरी करनेवाले अधिकारियों के लिए अधिक अनुकूल समय। प्रमोशन का योग बलवान।

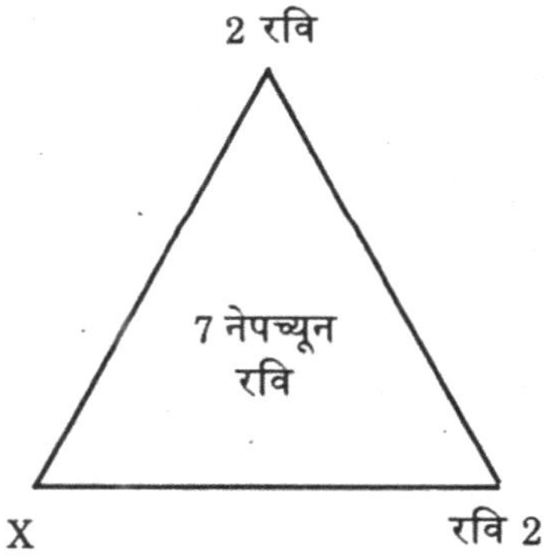

स्थावर—स्थाई सम्पत्ति खरीदने के लिए अभी समय अच्छा नहीं। यदि आप स्थावर बेचना चाहें तो अनुकूल समय है। मकान इत्यादि किराये पर लेने के लिए भी अनुकूल समय है।

खोई हुई वस्तु के लिए—वस्तु कोई मूल्यवान नहीं। वस्तु की चोरी नहीं हुई है। भूले से कहीं रख दी गई है। महत्त्व के कागज, पत्र-व्यवहार स्वरूप की वस्तु है। शनिवार के बाद ही मिलेगी।

प्रसूति—प्रसूति बहुत सुलभता से होगी। बाद में स्वास्थ्य सामान्य बना रहेगा। हॉस्पिटल में व्यवस्था करें। पुत्र योग सम्भव है। पुत्र दीर्घायु एवं कीर्तिवान होगा।

प्रवास—प्रवास के लिए अनुकूल समय है। तीर्थयात्रा के लिए शुभ समय। अकेले ही प्रवास करें। सरकारी काम से किया गया प्रवास सफल होगा।

बीमारी—मंगल का अभी प्रभाव है। परन्तु धीरे-धीरे बीमारी ठीक होती जायेगी। जलवायु अगर परिवर्तन करें तो शीघ्र आराम पाएंगे। यह पत्रिका दीर्घायु व्यक्ति की है।

परीक्षा—सर पर रवि है। उसकी नेपच्यून पर दृष्टि है। रिपीटर्स और उच्च शिक्षा प्राप्त करनेवाले विद्यार्थियों के लिए शुभ समय। शायद स्कॉलरशिप भी मिल सकती है।

कोर्ट-कचहरी—मुकद्दमा बहुत लम्बा चलेगा और उसमें आपकी हार होगी। सुलह करने में विश्वास रखें। आपकी कीर्ति एवं सात्त्विक प्रवृत्ति यहां काम आ सकती है। शनिवार को मुकद्दमा दाखिल न करें। सोमवार शुभ दिन है।

लॉटरी—लॉटरी के बारे में कोई आशा न रखें। रेस, सट्टा, जुआ व्यवसाय के लिए प्रतिकूल कार्य। बहुत नुकसान होगा। इस व्यवसाय के लिए शनिवार सर्वथा वर्जित।

व्यापार—व्यापार के लिए बिलकुल सामान्य काल। नया व्यवसाय आरम्भ न करें। व्यापार में नुकसान का योग। भागीदारी का बिलकुल विचार न करें।

विवाह—नेपच्यून बीच में है। विवाह होने में देर लगेगी पर आगे बहुत शुभ योग है। सरकारी नौकरीवाला अथवा फॉरेन रिटर्न रिश्ता मिलने की सम्भावना है। रविवार शुभ होगा।

चुनाव—नेपच्यून बीच में है। चुनाव में सफलता मिलने की संभावना कम है। परन्तु सर पर रवि है। शायद अंतिम वोटों से चुनाव जीत सकें तो कहा नहीं जा सकता।

परमार्थ—परमार्थ के लिए यह समय बहुत अनुकूल है। ज्ञानमार्गियों के लिए अधिक शुभ। सत्संग का लाभ मिलेगा। गुरु बनाने के लिए अनुकूल समय। तीर्थयात्रा जरूर करें।

अन्य—अन्य किसी भी प्रश्न का सामान्यतः शुभ उत्तर। पर शुभ घटना में विलम्ब लगेगा।

दोपहर 3.00

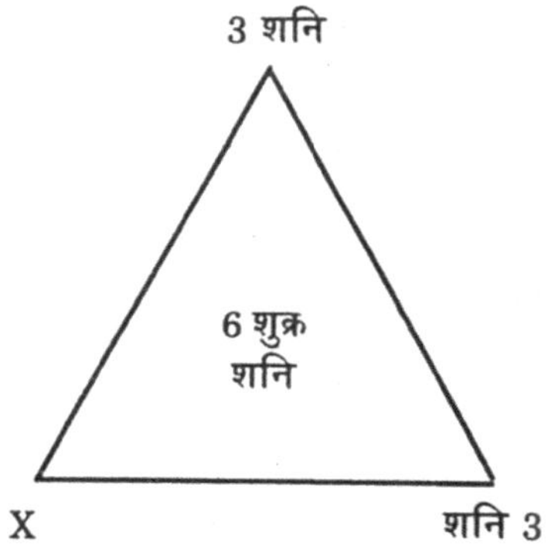

नौकरी—नौकरी पाने के लिए अनुकूल समय नहीं है। सर पर शनि है। हाल ही में नौकरी पाने के लिए प्रयत्न न करें। स्त्रियों के लिए अधिक प्रतिकूल। प्रमोशन या वेतन-वृद्धि की आशा करना बेकार। वैसे नौकरी में तकलीफ, अनबन, रुकावट, अपयश, एवं अवनति के ही योग हैं।

स्थावर—बीच में शुक्र है परन्तु माथे पर शनि है। प्रापर्टी खरीदने के लिए अनुकूल समय नहीं। मकान किराए पर लेने में भी निराशा।

खोई वस्तु के लिए—वह वस्तु स्त्री के कमर का गहना है। गहना किसी स्त्री के पास ही है। वापस मिलने की कोई संभावना नहीं प्रतीत होती।

प्रसूति—प्रसूति में काफी तकलीफ होगी। शायद ऑपरेशन की अवस्था भी आ जाए। पैसे के अधिक खर्च की सम्भावना है। पहले से ही प्रबन्ध करके रखें। शनि बहुत प्रभावी है। ऑपरेशन के बाद हनुमान को प्रसाद चढ़ावें। शुक्र बीच में होने के कारण विशेष कोई बाधा नहीं आयेगी, परन्तु ईश्वर-स्मरण अत्यन्त आवश्यक है।

प्रवास—प्रवास के लिए बहुत ही सामान्य समय है। निश्चित हुआ प्रवास अचानक स्थगित होगा। प्रवास में बहुत तकलीफ होगी। घायल होंगे। कार्य-सिद्धि में भी संदेह।

बीमारी—स्वास्थ्य अभी सुधरने की आशा कम। शायद ऑपरेशन करना होगा। स्त्रियों के लिए अधिक कठिनाईदायक।

परीक्षा—परीक्षा में सफलता मिलनी कठिन है। पर्चे कठिन होंगे। विद्यार्थियों को प्रतिकूल सफलता।

कोर्ट कचहरी—मुकद्दमे में सफल होना कठिन। व्यर्थ के वाद-विवाद में पैसा खर्च होगा। स्त्रियां तलाक का दावा न करें। सफलता में संदेह है।

लॉटरी—शनि बलवान है परन्तु साथ में चन्द्रमा नहीं। लॉटरी में मामूली इनाम मिलने की संभावना। रेस, सट्टा, जुआ आदि के लिए सामान्य समय है।

व्यापार—व्यापार-उद्योग के लिए पूर्णतः प्रतिकूल उत्तर है। नया कुछ भी न करें। तेल, खांडसारी, अनाज, दालें, गुड़ वस्तुओं का व्यापार करनेवालों को तेजी का सामना करना होगा।

विवाह—बीच में शुक्र है परन्तु माथे पर शनि है। विवाह के लिए अनुकूल समय नहीं है। विवाह आदि कार्यों के लिए किया गया प्रयास व्यर्थ जायेगा। आर्थिक कठिनाई होगी।

चुनाव—चुनाव में यश नहीं मिलेगा। प्रतिस्पर्धा बहुत कठिन है। सामने वाला भी बहुत कांटे का खिलाड़ी है। आपके विरुद्ध गलत-प्रचार किया जायेगा और आप असफल होंगे।

परमार्थ—परमार्थ के लिए प्रतिकूल समय है। धर्म करते-करते अधर्म में फंसेंगे। चरित्रहीनता का आरोप लगाया जायेगा। हीन मार्ग में प्रवृत्ति बढ़ेगी। रोजाना बगलामुखी स्तोत्र का पाठ करें।

अन्य—अन्य किसी भी प्रश्न का सामान्यतः प्रतिकूल उत्तर दें। शनि की दृष्टि ठीक नहीं है।

दोपहर 4–00

नोट—इस स्थान पर बुध और मंगल ग्रह क्षीणावस्था में है।

नौकरी—माथे पर गुरु है पर बीच में मंगल है। नौकरी मिलने में कठिनाई आएगी परन्तु नौकरी मिलेगी। सिफारिश का जमकर प्रयोग करेंगे। नौकरी बहुत मेहनत एवं उत्तरदायित्व की है।

स्थावर—बीच में मंगल है। खेती योग्य भूमि खरीदने के लिए अनुकूल समय है। गुरु माथे पर है। प्रॉपर्टी लाभदायक है। किराये पर मकान लेने के लिए अनुकूल समय नहीं है।

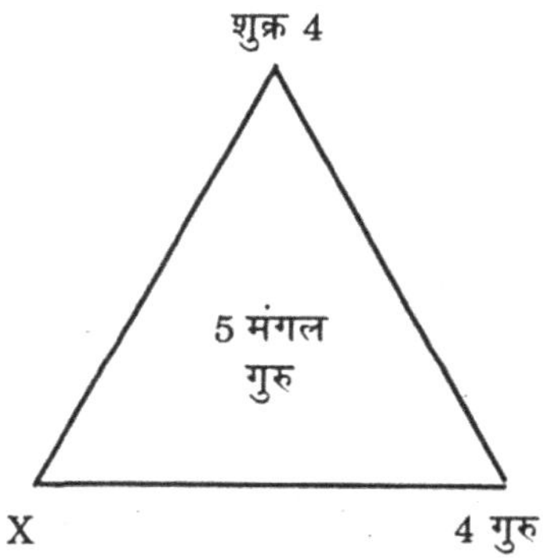

खोई हुई वस्तु के लिए—घड़ी या अंगूठी या हाथ में पहनने की कोई वस्तु खोई है। माथे पर गुरु है। वस्तु भले आदमी के पास है। वापस मिल जायेगी। बुधवार शुभ है।

प्रसूति—अशक्त स्त्रियों की प्रसूति ठीक से होगी। आगे स्वास्थ्य का ध्यान रखें। पुत्र योग है। पुत्र दीर्घायु एवं कीर्तिवान होगा।

प्रवास—प्रवास के लिए सामान्य योग है। खेती, मकान आदि काम के लिए किया गया प्रवास यशस्वी होगा। गुरुबल उत्तम है। परन्तु मंगलवार को प्रवास न करें।

बीमारी—माथे पर गुरु है। बीमारी का धोखा टल गया है। स्वास्थ्य जल्दी अच्छा होता जाएगा। जलवायु-परिवर्तन की आवश्यकता है। चार मंगलवार उपवास रखें।

परीक्षा—सामान्य विद्यार्थी भी उत्तीर्ण होंगे तो मेधावी छात्र तो उत्तम एवं सर्वोच्च स्थान को प्राप्त होंगे ही। खेती या खेती में काम आनेवाले लोहे के औजारों का काम सीखें।

कोर्ट-कचहरी—खेती, मकान या प्लाट के मुकद्दमे में उत्तम सफलता। गुरुवार को मुकद्दमा पेश करें।

लॉटरी—लॉटरी में इनाम की आशा न रखें। मंगल बीच में है। रेस, सट्टा, जुआ, व्यवसाय में विशेष लाभ नहीं पर नुकसान भी नहीं। मंगलवार को ये लोग व्यवसाय न करें तो उत्तम।

व्यापार—व्यापार-धन्धे के लिए सामान्य योग। नुकसान नहीं होगा।

नयी योजना प्रारम्भ न करें। ब्रोकर्स को लाभप्रद समय है।

विवाह—विवाह के लिए समय विशेष अनुकूल नहीं है। परन्तु जिन्हें मंगल है, वे प्रयत्न करें। कुमारिओं को सुशिक्षित पति मिलेगा। गुरुबल उत्तम है।

चुनाव—किसी के प्रोत्साहन से चुनाव जीतने का योग। गुरुबल उत्तम। अल्पशिक्षित उम्मीदवार के लिए अनुकूल समय। गुरुवार को अर्जी भरें।

परमार्थ—आध्यात्मिक दृष्टि से यह समय बहुत अनुकूल है।

सांसारिक ताप से ऊबकर परमार्थ में मन लगेगा। सद्गुरु व्यक्ति से भेंट होगी। दत्तचित्त होकर उपासना करें। शुभ फल पायेंगे।

अन्य—अन्य सभी प्रश्नों का सामान्यतः अनुकूल उत्तर। परन्तु कार्य-सिद्धि में कठिनाई।

दोपहर 5.02

नौकरी—रवि और नेपच्यून बीच में है। नौकरी मिलने में देर लगेगी पर अच्छी सम्मानजनक नौकरी का योग है। सरकारी नौकरी के लिए प्रयत्न न करें। बाहर गांव में नौकरी मिलने की संभावना अधिक है। वेतन-वृद्धि, प्रमोशन मिलने में देरी होगी।

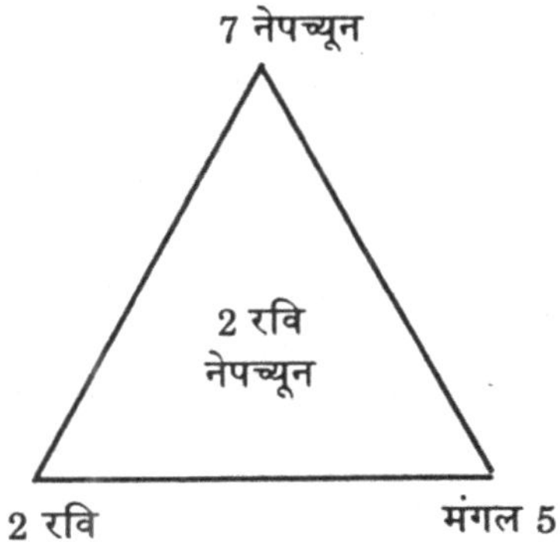

स्थावर—मंगल क्षीण है। नेपच्यून दो जगह है। स्थावर प्रॉपर्टी खरीदने के लिए अनुकूल समय नहीं है। परन्तु जो प्रॉपर्टी है उसे बेचने से लाभ हो सकता है।

खोई वस्तु के लिए—मूल्यवान नहीं परन्तु महत्त्व की थी जो चोरी नहीं हुई है। कहीं भूल से रख दी गई है। वस्तु घर के बाहर है। रवि प्रभावी है। वस्तु वापस मिल जानी चाहिए।

प्रसूति—अपेक्षा से प्रसूति सुखपूर्वक होगी। बाद में स्वास्थ्य भी उत्तम रहेगा। दीर्घायु पुत्र का योग। रविवार को नामकरण करें।

प्रवास—प्रवास के लिए पूर्ण रूप से अनुकूल समय है। तीर्थयात्रा के निमित्त दूर का प्रवास होगा। प्रवास सुखदायी होगा। नयी जान-पहचान होगी। रविवार को प्रवास करें।

बीमारी—बीमारी से जल्द मुक्त हो जायेंगे। अब दवा की भी

आवश्यकता नहीं। जलवायु परिवर्तन करें। यह दीर्घायु व्यक्ति की प्रश्न-पत्रिका है।

परीक्षा—उच्च शिक्षा प्राप्त करनेवाले एवं रिपीटर्स के लिए शुभ समय है। शिक्षा के लिए विदेश जाने की सम्भावना है। अन्य विद्यार्थियों के लिए भी अनुकूल समय है।

कोर्ट-कचहरी—रवि-नेपच्यून की युति है। मुकद्दमा जीतोगे पर लम्बा समय लगेगा। सरकार या कम्पनी पर मुकद्दमा हो तो उसमें सफलता मिलेगी।

लॉटरी—लाटरी में इनाम मिलने की आशा नहीं है। नेपच्यून दो स्थानों पर है। रेस, सट्टा, जुआ, के लिए भी पूर्ण प्रतिकूल समय। द्रव्यनाश का योग।

व्यापार—प्रश्न-पत्रिका में चंद्र या बुध नहीं है। व्यापार की दृष्टि से बहुत ही सामान्य काल। नई साझेदारी प्रारम्भ न करें। सरकारी बंधनों के कारण व्यापार पर दुष्परिणाम होंगे।

विवाह—चंद्र एवं शुक्र ग्रह इस प्रश्न-पत्रिका में नहीं हैं। नेपच्यून दो स्थानों का स्वामी है। विवाह के लिए पूर्ण रूप से प्रतिकूल समय है। इस समय विवाह के लिए प्रयत्न न करें अन्यथा् हानि उठानी होगी। अपमान सहन करना होगा। व्यर्थ का पैसा खर्च होगा।

चुनाव—दो स्थानों पर नेपच्यून है। रवि क्षीण है। वह आपकी प्रगति नहीं देगा। हर प्रकार से बाधा पहुंचाएगा एवं आपका बार-बार अहित होगा। व्यर्थ धन की बरबादी होगी। चुनाव में सफलता न मिल सकेगी। नेपच्यून के कारण जमानत जब्त हो तो भी आश्चर्य नहीं।

परमार्थ—पारमार्थिक दृष्टि से बहुत ही अनुकूल समय है। कुछ दृष्टांत होंगे। सद्ग्रन्थों का वाचन होगा। घर में मांगलिक कार्य होंगे। मन में धार्मिकता एवं सात्त्विकता जागृत होगी। इस समय तीर्थयात्रा का सुयोग घटित हो रहा है।

अन्य—अन्य किसी भी प्रश्न का सामान्यतः अनुकूल उत्तर दिया जा सकता है। परन्तु शुभ फल मिलने में समय लगेगा। प्रवास के लिए पूर्ण अनुकूल उत्तर।

ग्रह बल

जो ग्रह अपनी राशि, मित्र राशि, उच्च राशि, अपने नवांश में स्थिर होकर अपने मूल त्रिकोण में सौम्य मित्र ग्रहों से दृष्ट युक्त हों तो वह ग्रह बलवान होता है।

चन्द्रमा और शुक्र स्त्री ग्रह वृष, कर्क, कन्या, वृश्चिक, मकर, मीन राशि में सम और सूर्य, मंगल, बुध, गुरु, शनि ग्रह पुरुष, मेष, मिथुन, सिंह, तुला, धनु, कुम्भ, विषम राशि में बलवान होते हैं।

लग्नस्थल बुध, गुरु पूर्व में दशमस्थ सूर्य-मंगल दक्षिण में, सप्तमस्थ शनि पश्चिम में और चतुर्थस्थ शुक्र-चन्द्रमा उत्तर में दिग्बली होते हैं।

उत्तरायण में सूर्य-चंद्रमा तथा वक्री सभी अन्य ग्रह जब नभ में स्पष्ट रूप से बड़े प्रतिबिम्बमय दिखाई दें तो बली होते हैं।

सूर्य, गुरु, शुक्र, तीनों दिन-बली है।

मंगल-शनि रात्रि-बली हैं।

बुध और पूर्ण चंद्र सदैव बली हैं।

कृष्ण पक्ष में पाप ग्रह और शुक्ल पक्ष में सौम्य ग्रह काल-बली होते हैं।

अपने-अपने दिन, मास, वर्ष में सभी ग्रह बली होते हैं।

शुक्ल पक्ष की दशमी से कृष्ण पक्ष की पंचमी तक चंद्रमा पूर्ण बलवान होता है।

नवांश चक्र	नवांश संख्या	1 I4 I7	2 I5 I8	3 I6 I9
	विषम राशि	धातु	मूल	जीव
	सम-राशि	जीव	"	धातु

मुझे किस चीज की चिन्ता है

ज्योतिषी को चाहिए कि प्रश्नकर्ता से कोई भी अंक बोलने को कहे। वह जो संख्या कहे उसका दुगुना कर एक और मिला दें और 3 का भाग दें जो शेष रहे वह फल कहें—

एक शेष रहे तो जीव की चिन्ता

दो शेष रहे तो धातु की चिन्ता

शून्य शेष रहे तो मूल की चिंता होगी।

कार्य होगा या नहीं

उक्त प्रश्न के लिए ज्योतिषी को चाहिए कि 15 गिनतीवाला सूत्र बनाये और पृष्टा से कहीं भी उंगली रखने को कहें। वह जिस स्थान पर उंगली रखे उसी से फलादेश कहे।

यदि पृष्टा 1 I5 I9 पर उंगली रखे तो कार्य शीघ्र होगा।

यदि 3 I7 पर उंगली रखे तो कार्य विलम्ब से होगा।

यदि 4 I6 पर उंगली रखे तो कार्य होगा पर कब—पता नहीं।

यदि 2 I8 पर उंगली रखे तो कार्य किसी तरह से नहीं होगा।

3	2	1
4	5	6
9	8	7

प्रश्न–कुण्डली में ग्रहों द्वारा जन्म ऋतु ज्ञान

प्रश्न-कुण्डली में यदि मकर से मिथुन तक 6 राशि के पूर्वार्द्ध में–

शनि बैठा हो तो जातक का जन्म शिशिर का है।
शुक्र बैठा हो तो जातक का जन्म वसंत का है।
मंगल बैठा हो तो जातक का जन्म ग्रीष्म का है।
चंद्र बैठा हो तो जातक का जन्म वर्षा का है।
बुध बैठा हो तो जातक का जन्म शरद का है।
गुरु बैठा हो तो जातक का जन्म हेमंत का है।

इसी प्रकार कर्क राशि से धनु पर्यन्त 6 राशि के उत्तरार्द्ध में–

शनि बैठा हो तो जातक का जन्म शिशिर ऋतु में होता है।
शुक्र बैठा हो तो जातक का जन्म वसंत ऋतु में होता है।
मंगल बैठा हो तो जातक का जन्म ग्रीष्म ऋतु में होता है।
चंद्र बैठा हो तो जातक का जन्म वर्षा ऋतु में होता है।
बुध बैठा हो तो जातक का जन्म शरद ऋतु में होता है।
गुरु बैठा हो तो जातक का जन्म हेमंत ऋतु में होता है।
प्रश्न लग्न में सूर्य हो तो ग्रीष्म ऋतु का जन्म होता है।
प्रश्न लग्न में चंद्र हो तो वर्षा ऋतु का जन्म होता है।
प्रश्न लग्न में मंगल हो तो शरद ऋतु का जन्म होता है।
प्रश्न लग्न में बुध हो तो हेमंत ऋतु का जन्म होता है।
प्रश्न लग्न में शुक्र हो तो शिशिर ऋतु का जन्म होता है।
प्रश्न लग्न में गुरु हो तो बसंत ऋतु का जन्म होता है।

मसादि ज्ञान–ग्रीष्म के पूवर्द्धि में सूर्यांश 15 या उससे कम हो तो ज्येष्ठ, ग्रीष्म के उत्तरार्द्ध में 15 से 20 अंश सूर्य हो तो आषाढ़ इसी प्रकार सभी ऋतुओं से आगे मास निकालें।

दिन–अमावस्या को सूर्य-चंद्र एक ही राशि पर रहते हैं। अमावस्या के शीघ्र समाप्त होते ही शुक्ल पक्ष की तिथियां चलती हैं। चंद्रमा 2-¼ दिन को क्रम से प्रत्येक राशि पर रहते हुए 14।15 को सूर्य के सप्तम भाव पर पहुंच जाता है। इससे तिथि ज्ञान करें।

मूक प्रश्न और यंत्र

बीज प्रश्न यंत्र

अ	आ	इ	ई	उ	ऊ	ऋ
ॠ	लृ	ल	ए	ऐ	ओ	औ
अं	अः	क	ख	ग	घ	ङ
च	छ	ज	झ	ञ	ट	ठ
ड	ढ	ण	त	थ	द	ध
न	प	फ	ब	भ	म	य
र	ल	व	श	स	ह	क्ष
			ष			

उक्त प्रश्न यन्त्र जो ज्योतिषी गुरु पुण्य या रविपुण्य के दिन ताम्र-पत्र या भोज-पत्र पर लिखकर अपने पास रखें। जिस समय कोई व्यक्ति प्रश्न पूछने आए उस समय उससे सुपारी या पुष्प इस यन्त्र के किसी कोष्ठक पर रखने को कहें। प्रश्नकर्ता जिस कोष्ठक पर पुष्प या सुपारी रखे, उस कोष्ठक के अक्षरानुसार शुभाशुभ फल कहें।

प्रश्नकर्ता यदि—

अ—विवाद के प्रश्न में विजय होगी व धनलाभ होगा। अन्य कोई प्रश्न हो तो उसे कार्य में सफलता और सन्तान-संबंधी प्रश्न में पुत्र प्राप्ति होगी।

आ—वह जातक शोक और सन्ताप से पीड़ित होगा। उसका अनेक व्यक्तियों से विरोध, शरीर में रोग तथा मन में क्लेश होगा।

इ—उसके चिन्तित कार्य में सफलता, अत्यन्त सुख उसे मिलता है सभी कष्टों-दुःखों का नाश और धन-धान्य का लाभ होता है।

ई—सन्तति विषयक प्रश्न में पुत्रलाभ तथा धनलाभ। अन्य-प्रश्न में सफलता एवं भाग्योदय।

उ—शोक-सन्ताप, प्रियजनों से वियोग व दुःख, अनेकानेक विपत्तियों से जातक ग्रस्त रहता है।

ऊ—व्यावसायिक प्रश्न होगा, उसे श्रेष्ठ स्थान व पद की प्राप्ति होगी। प्रभाव व प्रतिष्ठा में वृद्धि, हर चिन्तित कार्य में सफलता होगी।

ऋ—पारिवारिक, सामाजिक, व्यावसायिक प्रश्न होगा। उस संबंधी से पृच्छक का अत्यंत प्रेम होगा। काम का प्रश्न होने पर उसे नियमित रूप से अच्छा लाभ होगा। सभी कार्य के प्रयास सफल होते हैं।

ॠ—जातक दयनीय स्थिति में होता है। अनेक व्याधि, दुःख, संताप एवं इष्ट प्रियजनों के विरोध के कारण दुःखी होता है।

ऌ—आर्थिक प्रश्न होने पर यथेष्ट काम, कार्य-सिद्धि, मित्रों का समागम, आरोग्य लाभ व राज्य सम्मान मिलता है।

ॡ—आर्थिक दृष्टि से जातक चिंतित होता है। कार्य-व्यवसाय में हानि, रोग, पीड़ा, व्याधि की उत्पति, संपत्ति का अपहरण और विभिन्न कार्यों में हानि या असफलता प्राप्त होती है।

ए—चिंतित कार्य में सफलता अवश्य मिलती है। मित्रों का समागम स्थान विशेष का लाभ तथा नाना प्रकार के सुख-भोग प्राप्त होते हैं।

ऐ—जातक को बंधन मित्रों से वैर-विरोध, अन्यान्य लोगों से भारी विग्रह, मृत्यु या मृत्यु तुल्य कष्ट होता है।

ओ—सोचे-विचारे कार्यों में सफलता अवश्य ही प्राप्त होती है। दुःख, शोक, कष्ट, पीड़ा से निवृत्ति होती है। हर कार्य में सफलता चेरी बन जाती है। मन में निडरता व्याप्त होती है।

औ—जातक को सोचे-विचारे कार्यों में पूर्ण सफलता प्राप्त होती है। आधे-अधूरे कार्य में सफल रहता है।

अं—विचारणीय कार्य में आशा से कहीं अधिक हानि होती है। पृच्छक बंधन में बंधता है, अत्यन्त दुःख और क्लेश प्राप्त होता है।

अः—जातक जिस कार्य का विचार कर रहा है उसे उस कार्य में सफलता अवश्य मिलती है। मान-सम्मान और प्रतिष्ठा में भी वृद्धि होती है। संतान-सम्बन्धी प्रश्न होने पर पुत्र-जन्म और सुख प्राप्त होता है।

क—पृच्छक को राज्य में, प्रशासनिक कार्यों में सम्मान प्राप्त होता है। आर्थिक कार्यों में सिद्धि, प्रियजनों का मिलन और कल्याण होता है।

ख—जातक शोक-संतप्त होता है। धन, ऐश्वर्य, आय की बर्बादी और शरीर में ज्वर आदि रोग होता है।

ग—जातक मन में सोचे-विचारे कार्यों में सफलता प्राप्त करता है। प्रियजनों से समागम, सौभाग्य और सुख में वृद्धि, सहयोग पाता है।

घ—भाग्योदय, सोचे-विचारे कार्यों में सफलता, इष्ट सिद्धि, मन्त्रों का

समागम, कल्याण होता है।

ङ—सोचे-विचारे कार्य का नाश और प्रगति हेतु किये गए प्रयास निष्फल रहते हैं। धन का नाश अनजानी विपत्तियों का आगमन और सभी क्रिया-कलाप व्यर्थ जाते हैं।

च—विवाद-संबंधी और कोर्ट-कचहरी-संबंधी कार्यों में जातक को विजयश्री प्राप्त होती है। उन्हें राज सम्मान एवं निरन्तर धन-लाभ होता रहता है।

छ—व्यावसायिक कार्यों में पूर्ण सफलता प्राप्त होती है। अनेक प्रकार की श्रेष्ठ वस्तुएँ, शरीर में आरोग्य, क्षेम-कुशल, आनंद और सौभाग्य का लाभ होता है।

ज—आर्थिक प्रश्न होने पर धन की हानि ही होती है। विचारणीय प्रश्न में सफलता प्राप्त हो नहीं सकती। मित्रों का विरोध और कलह का सामना निरन्तर करना पड़ता है।

झ—आर्थिक और व्यावसायिक प्रश्न में धन का विशेष लाभ होता है। रत्नादिक व वस्त्राभूषण लाभ, सौभाग्य की प्राप्ति एवं विचारणीय कार्यों में अवश्य सफलता प्राप्त होती है।

ञ—पृच्छक अत्यधिक चिन्ताग्रस्त होता है। वह शोक-सन्तप्त व बन्धनग्रस्त होता है। इष्ट-प्रियजनों से विरोध और मृत्यु या मृत्यु-तुल्य कष्ट पाता है।

ट—लाभालाभ विषयक प्रश्न में पृच्छक को लाभ रहता ही है, विवादास्पद प्रश्न में भी उन्हें विजय श्री प्राप्त होती है। कार्य में सफलता एवं सभी कार्यों में अर्थ-सिद्धि होती है।

ठ—विचारणीय कार्य में पृच्छक को सफलता प्राप्त होती है। धन-धान्य-ऐश्वर्य का लाभ, शरीर-स्वास्थ्य उत्तम और हर एक कार्य में सफलता मिलती है।

ड—विचारणीय कार्य में पृच्छक को प्रख्यातिपूर्वक सफलता प्राप्त होती है। स्वास्थ्य उत्तम एवं कुशल-मंगल होता है।

ढ—पृच्छक बंधन, व्याधि एवं शोक-संतप्त रहता है। वह जिस किसी बात का विचार करता है वह सब निष्फल रहता है।

ण—अध्ययन या विद्या-संबंधी प्रश्न रहता है, श्रेष्ठ विद्या भी प्राप्त होती है। कक्षा में प्रगति, परीक्षा में सफलता, उत्तम स्वास्थ्य एवं धन-धान्य का लाभ होता है।

त—आर्थिक प्रश्न में धन-लाभ और भाग्योदय होता है। दूसरे लोगों के सहयोग से समस्त कार्यों में सफलता प्राप्त होती है।

थ—व्यावसायिक एवं आर्थिक प्रश्न में धन-हानि होती है। स्थानच्युति

या पदावनति के साथ भ्रम के कारण उत्पन्न मानसिक रोगी से कष्ट पाता है।

द—पृच्छक को धन-लाभ अवश्य होता है। उसे दैहिक सुख एवं अनेक भोगों में निरन्तर सुख मिलता है।

ध—धन, सुख, स्वास्थ्य के लाभ के साथ-साथ प्रश्नकर्ता का भाग्योदय भी होता है।

म—पृच्छक को अनेक भोगों की प्राप्ति एवं विविध वस्तुओं का लाभ होता है। स्वास्थ्य उत्तम रहता है। हर कार्य में सफलता ही प्राप्त होती है।

प—पृच्छक को आर्थिक और व्यावसायिक कार्यों में हानि होती है। व्याधि, बंधन, उद्वेग एवं कलह से वह त्रस्त रहता है।

फ—आर्थिक पक्ष में यथेष्ट लाभ होता है। पृच्छक को अकस्मात् सम्पत्ति प्राप्त होती है। सभी कार्यों में सफलता मिलती है और स्वास्थ्य उत्तम रहता है।

ब—पृच्छक किसी बंधन से त्रस्त रहता है। धन-हानि और रोग से पीड़ित होकर मृत्यु या मृत्यु-तुल्य कष्ट पाता है।

भ—प्रश्नकर्ता को प्रारंभ में धन-हानि और बाद में धन का लाभ होता है। पुत्र-प्राप्ति होती है एवं सभी मनोकामनाएं पूर्ण होती हैं।

म—विभिन्न प्रकार की आपत्ति एवं रोग से परेशान होकर पृच्छक की मृत्यु होती है। किसी भोग की प्राप्ति नहीं होती तथा उसके सभी कार्य निष्फल रहते हैं।

य—प्रश्नकर्ता का प्रश्न आर्थिक है, उसे धन-धान्य एवं अर्थ का लाभ होता है। उसकी पारिवारिक और सामाजिक प्रतिष्ठा बढ़ती है। सभी इच्छित वस्तुओं की प्राप्ति होती है।

र—पृच्छक लड़ाई-झगड़ा या अन्य किसी विरोध-विवाद के संबंध में प्रश्न करता है। उसके मन में भय होता है। निकटस्थ संबंधियों से विरोध रहता है। प्रायः नियमित हानि और दुःख मिलता है। किसी प्रिय-जन की मृत्यु होती है।

ल—प्रश्न व्यावसायिक या आर्थिक होता है। प्रश्नकर्ता को धन एवं अन्य इच्छित पदार्थों का लाभ होता है। उसे भोगोपभोग एवं ऐश्वर्य की वस्तुएँ मिलती हैं।

ब—प्रश्नकर्ता विशेष चिन्तित होता है। विभिन्न कार्यों में उसे असफलता मिलती है। धन की हानि, दुःख, शोक, सन्ताप व भय से पीड़ित होता है।

श—व्यापार-संबंधी प्रश्न व प्रश्नकर्ता को विभिन्न कार्यों में लगातार सफलता मिलती है। धन का लाभ होता है और तभी कार्य सुसम्पन्न होते हैं।

ष—धन-धान्य की प्राप्ति, सभी कार्य, प्रयास सफल होते हैं। सकुशल रहते हुए उसका कल्याण होता है।

स—प्रश्न करनेवाला अपने कार्य में असफलता के कारण चिन्तित होता है। वह जिस किसी कार्य का विचार करता है उसी में हानि व असफलता मिलती है।

ह—प्रश्नकर्ता को सभी प्रकार के कार्यों में अच्छी सफलता ही प्राप्त होती है। प्रयास सफल होते हैं।

क्ष—प्रश्नकर्ता को राज-सम्मान एवं गुप्त विद्या की प्राप्ति होती है। उच्च पदासीन होता है।

मूक-प्रश्न जैसे जटिल और गंभीर विषय को जन-साधारण के लाभ के लिए अंक-यंत्रों के द्वारा सुगम रीति से प्रस्तुत करने का प्रयास प्राचीन काल से किया जाता रहा है। हमारे पूर्वज महर्षियों एवं मनीषियों ने मूक-प्रश्न जैसी गूढ़ पहेली को सुलझाने के लिए सैकड़ों अंक-यंत्रों का वर्णन किया है। यहां हम पाठकों की भी जानकारी के लिए कतिपय अनुभूत यंत्रों को प्रस्तुत कर रहे हैं।

पृष्ठ 134 पर दिखाये गए यन्त्र में 64 कोष्ठक हैं। इस आकृति का यन्त्र अष्ट-धातु, ताम्रपत्र या आम की तख्ती पर बनाकर रख लेना चाहिए। जब कोई व्यक्ति प्रश्न पूछने आवे तो ज्योतिषी को चाहिए कि वह प्रश्नकर्ता से अपने इष्ट का स्मरण कराकर प्रश्न को मन में दोहराते हुए यंत्र के किसी कोष्ठक पर अंगुली रखने को कहे। प्रश्नकर्ता जिस कोष्ठक पर उंगली रखे, उसकी संख्या के अनुसार इस प्रकार उत्तर कहना चाहिए।

1	2	3	4	5	6	7	8
16	15	14	13	12	11	10	9
17	18	19	20	21	22	23	24
32	31	30	29	28	27	26	25
33	34	35	36	37	38	39	40
48	47	46	45	44	43	42	41
49	50	51	52	53	54	55	56
64	63	62	61	60	59	58	57

उक्त यन्त्र में 1 से 64 तक संख्याएं लिखी हैं। इनका क्रमानुसार फल

इस प्रकार है—

1. आपने जिस कार्य के विषय में प्रश्न किया है, वह कार्य अभी कुछ विलम्ब से होगा। आप चिन्ता न करें। जल्दबाजी या घबराहट से कार्य नहीं बन पायेगा। मन में संतोष रखें और धीरे-धीरे बुद्धिपूर्वक प्रयत्न करें, क्योंकि कार्य का परिणाम सुफल और आपके पक्ष में होगा। इसमें संदेह नहीं करना चाहिए।

2. आपका चिन्तित कार्य पूर्णरूपेण नहीं बन पायेगा। अतः आप व्यर्थ चिंता न करें। इस कार्य में लगे रहने से आपके श्रम, शक्ति और द्रव्य का नाश होगा। अच्छा है कि आप अपना समय अन्य कार्य में लगावें, क्योंकि सतत और सक्रिय प्रयास से भी इस कार्य में आंशिक सफलता मिलेगी।

3. आप जिस कार्य के लिए विचार कर रहे हैं वह इस समय होने वाला नहीं है। यदि आपने दुराग्रहवश यह कार्य किया तो आपको कष्ट अधिक और सफलता न्यून होगी। सप्ताह भर प्रतीक्षा कीजिए। आपको वैकल्पिक कार्य मिल जायेगा, तथा उस कार्य में आपको सुगमतापूर्वक सफलता मिलेगी।

4. आपका प्रश्न धन-लाभ से सम्बन्धित है, किन्तु अभी धन-प्राप्ति में विलम्ब है। इस कार्य में कुछ रुकावटें भी आयेंगी। यदि आप अपने इष्ट की उपासना करें, तो अवश्य ही शीघ्र लाभ हो सकता है।

5. आपका प्रश्न और उसका परिणाम दोनों ही उत्तम हैं। प्रभु का विश्वास रखो और उनके ध्यान में मन लगाओ। आपको निकट भविष्य में लाभ एवं नया सहयोग मिलेगा। विरोधी निर्बल और पराजित होंगे। यदि कोई विवाद या मुकद्दमा चल रहा है, तो उसमें आप विजयी होंगे।

6. आपका कार्य होना तब तक कठिन है, जब तक आप गम्भीरता एवं सतर्कता नहीं बरतते। क्योंकि जिन्हें आप् अपना मित्र समझकर अपने समस्त भेद बतला देते हैं, वे वस्तुतः आपके शत्रु हैं। वे आपकी कमजोरी का अनुचित लाभ उठा रहे हैं।

7. आपके कार्य का भार अकेले आप पर होने के बावजूद आपको घबराना नहीं चाहिए। आप अपने मित्रों से विचार-विमर्श कर विचार पूर्वक कार्य करें। आपको सफलता मिलेगी, परन्तु आपको आलस्य त्यागना होगा।

8. आपका प्रश्न लक्ष्मी से सम्बन्धित है। यद्यपि कार्य कठिन है परन्तु लक्ष्मी की उपासना एवं श्रीयंत्र की पूजा से सिद्धि हो सकती है। महालक्ष्मी स्तोत्र का पाठ, बीजमंत्र का जप या श्री सूक्त से हवन करो।

9. आपके विरोधी एवं शत्रु अत्यधिक हैं, जो आपके कार्यों में विघ्न-बाधाएं डाल रहे हैं। आप उनकी मीठी बात, झूठे प्रलोभन और माया जाल से सावधान रहें। यदि बुद्धिमत्तापूर्वक कार्य किया गया तो अवश्य

सफलता पाओगे।

10. आजकल आपकी मानसिक स्थिति अच्छी नहीं है। मानसिक आंदोलनों एवं अन्तर्द्वन्द्वों से मन डावांडोल रहता है। आप भावुकता, जल्दबाजी एवं अविवेक से अपने कार्य बिगाड़ सकते हैं। यदि स्वयं को संयत कर प्रभु का ध्यान करें, तो आपमें आत्म-विश्वास उत्पन्न होगा और आत्मविश्वास के बाद अधिकाधिक कार्यों में सफलता मिल पावेगी।

11. आप जिस कार्य को करना चाहते हैं, वह कठिन अवश्य है, परन्तु साहस, धैर्य एवं आत्मविश्वास के साथ प्रयत्नशील रहें। यदि आप भगवान शंकर के स्तोत्र, मंत्र या स्तवन को नियमित रूप से करें तो कार्य शीघ्र होगा।

12. आपका समय काफी दिनों से प्रतिकूल चल रहा है। किन्तु कुछ ही दिनों बाद आपकी किस्मत पलटा खानेवाली है। इष्ट का मनन करें। आलस्य को त्यागकर मन-लगन से अपने कार्य में जुट जाएं, सोचे हुए समस्त कार्य पूर्ण होंगे।

13. आपके विरोधियों की संख्या काफी है। वे आपका अहित करने पर तुले हुए हैं। अतः आप उनसे सावधान रहें। किन्तु आप भी उनका अहित करने का प्रयास न करें अन्यथा आपको नुकसान उठाना होगा। ईश्वर पर भरोसा करें।

14. आपने जिस कार्य के सम्बन्ध में प्रश्न किया है उस कार्य का सकुशल होना अब संभव नहीं है। क्योंकि जब अवसर था, तब आपने प्रमादवश कार्य किया नहीं। अब यदि आप बुद्धिपूर्वक पूरा प्रयत्न करें और प्रमाद को छोड़ दें तो कार्य में आंशिक रूप से सफलता मिल सकती है।

15. आप इस समय अत्यधिक चिन्तित हैं। संशय और सन्देह से ग्रस्त हैं। अतः बुद्धि कुण्ठित होने के कारण आप अपने साधनों का उपयोग नहीं कर पा रहे हैं। यदि आप धैर्य धारण कर चिन्ता एवं सन्देह को दूर कर कार्य करें, तो आपको सफलता मिलेगी। देवी-शक्ति पर भरोसा रखने में काफी शान्ति मिलेगी।

16. आपके मन में व्यर्थ का भ्रम घर कर गया है। इसलिए आप अपने इष्ट की उपासना करें तो आपको अवश्य लाभ होगा।

17. आपका कार्य पूर्ण नहीं हो सकता। कुछ आपके घरवाले ही शत्रुओं के साथ मिलकर आपका अहित करने का प्रयास कर रहे हैं। राम-रक्षा स्तोत्र का पाठ करें।

18. आप व्यर्थ की चिन्ता एवं भावुकता को छोड़कर दूरदर्शिता से कार्य करें तो आपकी सफलता में कोई सन्देह नहीं है। मित्र और शत्रु को पहचानकर कार्य करने का प्रयास करें। आपके सामने मीठी बातें करनेवाले लोग ही वास्तव में आपके शत्रु हैं। विवेकपूर्ण कार्य करने से बाधाएं समाप्त होंगी।

19. आपने विदेश में जाकर धन-प्राप्ति का निश्चय किया है। किसी शुभ मूहूर्त में यात्रा करने से पहिले बगलामुखी का संपुटित पाठ करें या करावें। आपको विदेश में धन-प्राप्ति के अच्छे सुयोग मिलेंगे। अतः कार्य की चिन्ता न करें।

20. आपने चिन्तित होकर अपनी शक्ति और सक्रियता कम कर दी है। अतः मनोयोगपूर्वक उद्योग करें। यदि आप छात्र हैं तो अध्ययन में लग जाएँ, यदि व्यवसाय में हैं तो व्यवसाय में ध्यान दीजिए।

21. मन में अस्थिरता के कारण आपके कार्य से लाभ नहीं हो रहा है। कार्य में उत्पन्न विघ्न-बाधाएं आपको उपेक्षा और प्रमाद से उत्पन्न होंगी। अतः मन को स्थिर रखकर कार्य करें। कुछ ही समय में बदलाव पाएंगे।

22. आपकी चिन्ता अब निरर्थक है। क्योंकि निकट भविष्य में आपकी शादी होनेवाली है। कुटुम्बियों एवं मित्रों का सहयोग आपको प्राप्त होता रहेगा। मन में धैर्य रखकर उत्साह पूर्वक कार्य करें।

23. आप जिस कार्य के लिए प्रश्न कर रहे हैं, वह कार्य निश्चित रूप से आपके हाथ में ही है, वस्तुतः आपको सुझाई नहीं दे रहा है, जबकि हल आपके हाथ में ही है।

24. आपका प्रश्न धन से सम्बन्धित है। आर्थिक स्थिति कमजोर होने के कारण व्यर्थ का दिखावा एवं शान-शौकत है। स्वयं आपके द्वारा अपव्यय करने पर आर्थिक स्थिति कैसे सुदृढ़ हो सकती है। यदि आप व्यावहारिक बनें तो समस्याएं स्वयं हल हो जाएंगी।

25. आपका समय काफी प्रतिकूल है। पूर्ण या अत्यधिक परिश्रम से ही कार्यसिद्धि हो सकती है। कुछ समय धैर्य रखिए। धार्मिक एवं सामाजिक कार्यों में ध्यान दीजिए।

26. यदि आप विद्यार्थी हैं तो विज्ञान एवं गणित जैसे विषयों को न लेकर कला एवं व्यावसायिक विषयों में शिक्षण और प्रशिक्षण का प्रयास करें तो और अधिक सफल हो सकेंगे।

27. आपका प्रश्न संतान को लेकर है, निश्चित रूप से चिन्ता का विषय है। रक्त से सम्बन्धित बीमारी है। गुर्दे की बीमारी भी हो सकती है। किसी अच्छे डॉक्टर को दिखाएं, शिव-महिमा का पाठ करें।

28. आप अपने कार्य को हठपूर्वक करने का प्रयास कर रहे हैं। किन्तु हठ या दुराग्रह से आपको किंचित भी सफलता नहीं मिल सकेगी। बड़े-बुजुर्गों से परामर्श कर बुद्धिमत्तापूर्वक अमल करें तो सफल होंगे।

29. आप जिस कार्य का प्रलोभनवश विचार कर रहे हैं, उसे त्याग देना ही श्रेयस्कर है। क्योंकि इसमें परिश्रम अधिक है और लाभ कम। विषय-वासना का त्याग कर प्रभु-स्मरण करें।

30. आपने लोभ एवं प्रतिष्ठा के वशीभूत होकर एक कठिन कार्य प्रारम्भ कर दिया है। कुछ लोगों के वायदों पर व्यर्थ विश्वास कर रखा है परन्तु वे आपको धोखा देंगे। इस कार्य से शनैः-शनैः हाथ खींच लें।

31. आपका प्रश्न विवाह से सम्बन्धित है, निश्चित रूप से अभी समय है। प्रयास जारी रखें, कामदेव की पूजा करें, सफल होंगे।

32. आपने जिस कार्य के विषय में सोचा है, वह कार्य पूर्ण होने को आ गया है। अतः पूर्ण तत्पर रहें। प्रतीक्षा, देरी या आलस्य करना आपको हानिकारक सिद्ध होगा। प्रकृति एवं परिस्थितियां काफी अनुकूल हैं।

33. आपका प्रष्टव्य कार्य श्रम-साध्य होने के साथ-साथ पराधीन भी है। अतः अकेले प्रयास करने में सफलता मिलना कठिन है। यदि आप इस कार्य के लिए अपने इष्ट, मित्र, भाई-बन्धुओं का सहयोग प्राप्त करें तो कार्य सिद्ध हो सकता है। अतः आप सर्वप्रथम कुछ सहयोगियों को तैयार करें।

34. आपके कार्य में सफलता के लिए अनुकूल अवसर आने ही वाला है। अतः आप व्यर्थ चिन्ता न करें। अपितु शीघ्र तैयार होकर कार्य करने का प्रयास करें। जितना शीघ्र प्रयास करेंगे, उतनी अधिक सफलता मिलेगी। आर्थिक लाभ का भी उचित अवसर है। इसलिए कार्य करने को कटिबद्ध हो जाइए।

35. आपने जिस कार्य को करने की मन में ठान रखी है वह कार्य आपकी शक्ति के बाहर है। अतः इस कार्य को करने में आपकी शक्ति, श्रम एवं समय का दुरुपयोग होगा। अच्छा होगा, यदि आप कोई दूसरा कदम उठाएं।

36. आपको जो कार्य करना है, उसमें सहयोग करनेवाले अभी आपसे दूर हैं। इसलिए आप धैर्यपूर्वक कुछ समय प्रतीक्षा कीजिए। यदि प्रयास करना चाहते हैं तो सहयोगियों के निकट पहुंचने का प्रयास कीजिए।

37. आपने जिस कार्य का विचार किया है, वह आपका और आपके संबन्धियों का हित करनेवाला है। इस कार्य में आपको शत्रु एवं विरोधियों का प्रबल सामना करना होगा। अतः पहले से ही सावधान रहकर कार्य करें तो उत्तम होगा।

38. आपने अभी तक बहुत कष्ट उठाये हैं, किन्तु अब चिंता न करें। आपका भाग्योदय होनेवाला है। सुख और शान्ति का वातावरण बनेगा। आपको संतान, लक्ष्मी, या यश जिसके भी लाभ की इच्छा है वह पूर्ण होगी। यदि हो सके तो भगवान हनुमान की उपासना कीजिए।

39. आपका प्रश्न प्रतिक्रिया मूलक है। जो वस्तुतः द्वेष एवं बुरी भावना से प्रेरित है। इस प्रकार के कार्यों से व्यावहारिक और वास्तविक अर्थों में आपको कोई लाभ नहीं होगा। अच्छा है कि आप अपने मित्र एवं सम्बन्धियों

के प्रतिकूल न चलें। इससे विरोध और कलह के अलावा कुछ भी लाभ नहीं होगा।

40. आपके कार्य में अनेक रुकावटें आ रही हैं। इसका कारण आपका स्वाभिमान, स्वेच्छाचार एवं मनमानी करना है। यदि आप अपना स्वभाव बदलें और लोगों के साथ शान्तिपूर्वक सहयोग द्वारा कार्य करें, तो आपको सफलता मिलेगी। विचार-विवेक और सहन-शक्ति से आपके समस्त कार्य बन सकते हैं।

41. आप जिस कार्य के प्रति चिंतित हैं, वह कार्य इसलिए पूर्ण नहीं हो पाता कि आप उसके बारे में कार्यारम्भ से पूर्व ही काफी चर्चा कर देते हैं। इस प्रकार कार्य की गोपनीयता भंग हो जाती है और आपके प्रतिद्वंद्वी इससे लाभ उठा लेते हैं। यदि आप विचार पूर्वक शान्ति के साथ अपना कार्य करें, तो आपको सफलता अवश्य मिलेगी।

42. आपका प्रश्न व्यापार से सम्बन्धित है। व्यापार में, प्रायः रुकावट और हानि होती है। कारण यह है कि आप जिस वस्तु का व्यापार कर रहे हैं, वह आपको लाभ की अपेक्षा हानि दे रही है। अतः आप किसी अन्य वस्तु का व्यापार कीजिए। आपको सफलता मिलेगी। गणपति-पूजन अवश्य करें।

43. आप काफी चिन्तित हैं। आपका पिछला समय परेशानियों, चिंताओं तथा कलहपूर्ण रहा है। अतः निराशा छोड़कर पुनः कार्य में लग जाएं। समय अनुकूल है। लाभ के साथ-साथ पारिवारिक सुख भी प्राप्त होगा। भोग-सुख में वृद्धि होगी।

44. आप कुछ नया व्यवसाय करने की सोच रहे हैं, परन्तु आपके भागीदार आपसे द्वेष रखते हैं और वे आपके कार्य में अड़चनें लगा रहे हैं। वे आपके सामने तो मीठे रहते हैं, परन्तु परोक्ष में वे आपकी जड़ें काटने का प्रयत्न कर रहे हैं। साधन जुटाकर अकेले ही कार्य करें, सफलता अवश्य मिलेगी।

45. आप कुछ अनुचित व्यक्तियों के साथ फंस गये हैं। जिनके साथ रहने से आपको सभी प्रकार का नुकसान हो रहा है। वे इतने शक्तिशाली हैं कि आप उनका तुरन्त साथ नहीं छोड़ सकते हैं। आप धीरे-धीरे प्रयत्न करें। आश्चर्यजनक रूप से लाभ होगा।

46. काफी समय से आपके कार्यों में रुकावटें आने के कारण आपकी उपेक्षा या प्रमाद करना ही है। इस प्रकार की भूल आप स्वाभाविक रूप से कर देतें हैं। इसका वास्तविक कारण प्रतिकूल ग्रहों का प्रभाव है। अतः आप शान्तिपूर्वक अपने इष्ट की उपासना करें।

47. आपका स्वास्थ्य ठीक नहीं रहता। आप काफी इलाज करवा चुके हैं। आप सर्वतोभद्र यंत्र का प्रयोग करें। कुल देवता की पूजा-उपासना करें।

स्वयं ठीक होगा।

48. आपका प्रश्न विवाद से संबन्धित है। शत्रु-पक्ष आपका काफी समय से विरोध कर रहा है। यद्यपि आप अपनी ओर से विवाद समाप्त करने की कोशिश कर रहे हैं, किन्तु वे आपकी कमजोरी का नाजायज फायदा उठाना चाहते हैं। अतः घबराहट छोड़कर धैर्यपूर्वक उनका सामना करें।

49. आप पारिवारिक समस्याओं से चिंतित हैं। आपको हनुमान-उपासना से विशेष लाभ होगा। परिवार के सदस्यों का असहयोगी रुख होने के कारण छोटी-छोटी बात व्यर्थ विवाद का प्रश्न बन जाती है। इस प्रकार के मतभेदों ने आपके घरेलू जीवन को दुःखमय बना दिया है।

50. परिवार के किसी सदस्य की बीमारी से आप चिन्तित हैं। अब कोई उपाय नहीं हैं। उसकी मृत्यु निकट ही है। ग्रह-शान्ति और सूर्य-उपासना करें।

51. दाम्पत्य जीवन से रोजमर्रा के मतभेदों से आप चिन्तित हैं। आपका सुखी जीवन इस छोटी-छोटी बातों से कष्टमय बन गया है। अब आपकी सहन-शक्ति भी जवाब दे चुकी है। दूसरी शादी करना कोई हल नहीं है। वशीकरण पूजा करें। कष्ट दूर होंगे।

52. भाग्य एवं प्रगति से सम्बन्धित कार्यों में विरोध और विलम्ब होने के कारण आप चिन्तित हैं। काफी दिनों से इस प्रकार का वातावरण बना हुआ है। किन्तु अब आपको चिन्ता करने की आवश्यकता नहीं है। क्योंकि निकट भविष्य में आपका भाग्योदय होनेवाला है।

53. आपका प्रश्न साहसिक कार्य से संबन्धित है। यद्यपि आपमें साहस, धैर्य एवं बुद्धि का अच्छा सामंजस्य है। कई बार जोखिम उठाकर कार्य कर चुके हो, किन्तु इस बार समय प्रतिकूल होने के कारण काम बनते-बनते बिगड़ रहा है। अच्छा हो, यदि आप इस समय अपनी शक्ति किसी दूसरे काम में लगावें, क्योंकि समय के प्रभाव को देखते हुए, अभी इस प्रकार के साहसिक कार्यों में पूर्ण सफलता का योग नहीं है।

54. काफी समय से प्रतिकूल वातावरण के कारण आप जीवन के मार्ग में कुछ शान्त हैं। प्रगति की दिशा का बोध करना चाहते हैं। अकारण उत्पन्न होनेवाली रुकावटों ने आपको परेशान कर रखा है। किन्तु आपका भाग्योदय रुद्राभिषेक करने पर हो सकता है।

55. आप बेरोजगार हैं। अभी आपको कोई अनुकूल रोजगार नहीं मिल पाया है। कुछ समय तक कोई योग नहीं है। शुक्रवार का व्रत रखें। कुछ-न-कुछ संभव होगा।

56. आप अपने पिता के बारे में चिन्तित हैं। वे प्रवास पर हैं और

प्रवास से कोई खोज-खबर नहीं है। समय की प्रतिकूलता के कारण उनका मन और बुद्धि दोनों ठीक तरह से कार्य नहीं करते। परिणामतः आर्थिक तंगी के साथ-साथ पारिवारिक जीवन भी विषम बना हुआ है।

57. मन की चंचलता से आप अनेक बातें सोचते रहते हैं। यही कारण है कि इस समय भी अनेक बातों के बारे में जानना चाहते हैं। किन्तु ध्यान रखें कि आपको सफलता क्रमशः मिलेगी। अतः चंचलता और व्यग्रता त्यागकर एक-एक कार्य करने का प्रयास करें तो आपको अपेक्षाकृत शीघ्र सफलता मिलेगी।

58. यात्रा से संबन्धित आपके इस प्रश्न के बारे में आपको इतना ध्यान रखना चाहिए कि अभी आपका परदेश में स्थाई रूप से निवास का समय नहीं आया है। अतः यह यात्रा अल्पकालीन होगी।

59. आपका प्रश्न मुख्यतः आर्थिक होते हुए भी व्यवसाय से सम्बन्धित है। अभी आपको व्यवसाय से पूर्ण लाभ नहीं होगा। जिन लोगों के पास पैसा फंसा है, वे देते नहीं हैं तथा व्यवसाय को चलाने के लिए अन्य आर्थिक संसाधन जुटते नहीं हैं।

60. आपका प्रश्न काफी विलक्षण है। आप किसी भी प्रकार से केवल धन-संग्रह करना चाहते हैं। अच्छा हो कि आप गलत मार्ग छोड़कर अच्छे तरीके अपनाएं। गलत कार्यों से कमाया गया धन आपको कालांतर में कष्ट देगा। आप अपने संरक्षण में अपनी समस्त शक्ति लगाकर भी निश्चिन्त नहीं हो पायेंगे।

61. आप जो कार्य कर रहे हैं उसमें कुछ समय बाद हानि होने की संभावना है। इसलिए सावधान होकर परिस्थिति और सहयोगियों का ध्यान रखेंगे—हो सके तो जोखिम का कार्य न करें और अकेले ही कार्य करने की कोशिश करें।

62. आपका कार्य काफी कठिन है क्योंकि आपके प्रत्यक्ष एवं परोक्ष शत्रु भी अधिक हैं, जो आपके कार्य में अड़चनें पैदा कर रहे हैं। इसलिए आप अपने आस-पास सावधानी पूर्वक मित्र और शत्रु की पहचान करें। फिर बुद्धिपूर्वक प्रयास करें। घबराने से कोई लाभ नहीं होगा। सूझ-बूझ और दूरदर्शिता ही सफलता के पास ले जायेगी।

63. काफी समय से आपका विवाह नहीं हो पा रहा है। अतः काफी चिन्तित हैं। कार्य बनते-बिगड़ते हैं। आप सर्वप्रथम भगवान शंकर की उपासना करें। सोमवार को शंकर को जल चढ़ावें। संभव हो तो रुद्राभिषेक करें।

64. आपने हठपूर्वक एक असंभव कार्य करने का निश्चय कर लिया है। आपकी शक्ति कार्य की तुलना में कम है। इसलिए या तो पहले शक्ति का

संचय करें और फिर कार्य करें अथवा यह कार्य छोड़कर अपने अनुकूल कोई और कार्य तलाश करें। क्योंकि केवल हठ धारण करने से कोई कार्य नहीं बनेगा।

प्रश्नांक से प्रश्नोत्तर

अ	आ	इ	ई	उ	ऊ	ए	ऐ	ओ	औ	अं	अः
1	2	2	4	8	7	1	2	8	7	5	4
	क		ख		ग		घ		ङ		
	6		9		8		2		7		
	च		छ		ज		झ		ञ		
	9		3		6		9		5		
	ट		ठ		ड		ढ		ण		
	2		5		4		7		3		
	त		थ		द		ध		न		
	2		5		4		7		5		
	प		फ		ब		भ		म		
	5		8		5		8		7		
	य		र		ल		व		श		
	8		9		5		8		3		
ष	स	ह	क्ष	त्र	ज्ञ	ऋ	ॠ	ऌ	ॡ		
3	9	3	3	2	7	2	4	5	7		

यहां प्रत्येक अक्षर के नीचे अंक लिखे हैं। यही अंक उस अक्षर का मूल्य है। संयुक्ताक्षर के दो, तीन, चार अक्षरों को पृथक्-पृथक् पूर्णांक देकर तथा मात्राओं को भी पूर्णांक देकर अपने प्रश्नाक्षरों को अंकमय बना लें और प्रत्येक गुट के शब्द समूह को अंक देकर पृथक्-पृथक् शब्दों का एकाकीकरण करके एक अंक लाने का प्रयत्न करें और जितने शब्द गुट प्रश्न में हों उतने ही अंक-गुट भी बना लें। जितने गुट बने हों उतनी ही संख्यावाला अंक सर्वप्रथम रखकर उन सभी को उसके बराबर में रखकर प्रत्येक दो अंकों को जोड़कर तब तक रखते जाइए जब तक कि एक अंक संख्या प्राप्त न हो। एकाकी यही अंक आपके प्रश्न का उत्तर देने में समर्थ होगा। प्रश्न मात्र हंसी-मजाक के लिए न हो, किसी कार्य की पूर्ति, परीक्षा, परिणाम, व्यापार में सफलता, विवाहादि, जीवन से सम्बन्धित प्रश्नों के उत्तर ठीक-ठीक प्राप्त हो सकेंगे। प्रश्न अनन्त हैं।

जैसे— मैं पास होऊंगा या नहीं

1 2 3 4 5

हम इस प्रश्न को हिस्सेदार लिखकर प्रश्नोत्तर के प्रश्नांक इस प्रकार लाएं ताकि एकाकीकरण द्वारा संख्यांक प्राप्त हो।

मैं = म ऐ तो मैं बिन्दु 5 है अतः

7 2

7 + 2 + 5 = 14 और 1 + 4 = 5 है तो मैं = 5 रहा

पास = प आस 5 2 9 = 16 = 1 + 6 = 7

होऊंगा= ह ओ ऊ ग आ

3 8 7 8 2 = 28 और = 5

= 33 = 6

या = य आ 8 2 = 10 = 1

नहीं = न ह ई =

5 3 4 5 = 17 = 8

मैं पास होऊंगा या नहीं

5 7 6 1 8

यहां उपर्युक्त प्रश्न के पांच गुट बने। इन गुटाक्षरों को अंक-संख्या प्राप्त हो चुकी है। यहां 5 गुट हैं अतः 5 का अंक अपनी ओर से सम्मिलित कर प्रश्नों के गुटों की संख्या को इस प्रकार निम्नांकित गुट में परिवर्तन करते जाओ कि येन-केन-प्रकारेण एक का अंक संख्या प्राप्त हो जाये। हमारे पास 5 गुट के 5 ही शब्द हैं और उनके 5 अंक भी प्राप्त हैं, जो 5, 7, 6, 18 हैं। पूर्वोक्त गुट संख्यानुसार इतने ही अंकवाला एक अंक अपनी ओर से रखकर इस प्रकार संख्या पूर्ण की।

जैसे— 5 7 6 1 8 इनमें 5 और मिलाया तो बना

5 5 7 6 1 8 दो के हिसाब से जोड़ा तो बना

10 12 13 7 9

1 3 4 7 9

4 7 2 7

2 9 9

2 9

11 = 2

यही 2 अंक हमारे प्रश्नोत्तर का अभीष्ट अंक है। इसी प्रकार जो भी प्रश्नाक्षरों द्वारा प्राप्तांक से जो-जो अंक अन्त में होगा वही हमारे शुभाशुभ परिणाम बताने में समर्थ होगा।

1. आश्वस्त रहें, आपका भाग्योदय बहुत ही जल्दी होने वाला है। शीघ्र ही आपको शुभ अवसर प्राप्त होनेवाला है। उससे आपको आशानुसार ही सफलता अपने परिश्रम द्वारा या किसी की सहायता से या ईश्वरी कृपा से प्राप्त होगी।

2. आपको अपने कार्यार्थ शंका, लज्जा, भय संकोचादि है। आप घबरा भी इसी कारण रहे हैं। आपके प्रगति की राह में विभिन्न अड़चनें आयीं ओर चली गयीं। आप निकटवर्ती प्रभाव से प्रभावित न होकर कार्य को संलग्नता से, दक्षता व धैर्य से करते रहें तो निश्चय ही अपने उद्देश्य में सफलता प्राप्त किए बिना नहीं रह सकते। उत्तिष्ठ जागृतः।

3. आप अपने ही विचारों की अस्थिरता तथा पलायनमात्र चित्तवृत्ति के कारण अपने सोचे-विचारे मार्ग से दूर होते जा रहे हैं। आपके अपने ही मित्र आपसे भेद लेकर कार्य में सफल हो जाते हैं और आप मुंह देखते खड़े रह जाते हैं। यदि परीक्षा परिणाम शुभ प्राप्त करना है या व्यापार में सफल होना है या मकान-निर्माण करना है या क्रय-विक्रय करना है तो मित्र वर्गों के सलाह के बिना ही कार्य करें तभी सफलता पा सकेंगे।

4. आप जिस कार्य को करने में सफलता देख रहे हैं उसे शीघ्र ही प्रारम्भ कर दें। उसी में आपकी जीत है। प्रारम्भिक अड़चनों से चिन्तित न हों। कुछ समय पश्चात् आप देखेंगे कि आप सफल हो रहे हैं।

5. आपने जो कुछ भी सोचा है वह हाथ-पर-हाथ धरे बैठे रहने से तो होगा नहीं। आपको एक पत्र प्राप्त होनेवाला है। तदनुसार कार्य करने में सफलता प्राप्त होगी जिससे आपके जीवन में बहुत बड़ा परिवर्तन आयेगा और सुदूरवर्ती यात्रा होगी। यदि इस यात्रा से घबरा गए तो उन्ननि से हाथ धोना पड़ेगा।

6. आप पर लिंग जातक की सहायता प्राप्त होते ही आप भूतकाल के सभी कष्टों को भूल जाएंगे और नव योजनाओं में सफलता प्राप्त करेंगे।

7. आप व्यर्थ ही अपने इष्ट मित्रों की सहायता से कार्य में सफलता प्राप्त करने की सोच रहे हैं। आपका कार्य अपने मस्तिष्क की योजनाओं द्वारा ही होगा। किसी के विचार-विमर्श लेने से सिवाय हानि के लाभ की आशा करना व्यर्थ है।

8. आपका दुर्भाग्य है कि आपको सभी कार्यों में विफलता मिल रही है। आपके इष्ट-मित्र, बंधुजन व देव रुष्ट प्रतीत होते हैं इसलिए एकाग्र मन से ईश्वर आराधना करें, परिश्रम से उद्योग भी करें। दोनों कार्य साथ-साथ करते रहने से देर से सहायता अवश्य मिलेगी।

9. आपका निकट भविष्य अन्धकारमय है अतः कोई कार्य होनेवाला नहीं है। यदि धैर्य के साथ कठिनाइयों का सामना करते हुए परिश्रम करते रहें तो 3-4 वर्ष बाद आपको ईश्वरीय इनाम प्राप्त होगा। हिम्मत न हारें भाग्योदय में देर है। ❒ ❒ ❒